方谦宁　杨希　编著

好好说话

中国青年出版社

图书在版编目（CIP）数据

好好说话 / 方谦宁，杨希编著. —— 北京：中国青
年出版社，2024.10（2025.5 重印）. —— ISBN 978 - 7 - 5153 - 7503 - 8

Ⅰ. H019 - 49

中国国家版本馆 CIP 数据核字第 20241VW416 号

责任编辑：彭岩
出版发行：中国青年出版社
社　　址：北京市东城区东四十二条 21 号
网　　址：www.cyp.com.cn
编辑中心：010 - 57350407
营销中心：010 - 57350370
经　　销：新华书店
印　　刷：中煤（北京）印务有限公司
规　　格：880mm × 1230mm　1/32
印　　张：8.875
字　　数：160 千字
版　　次：2024 年 10 月北京第 1 版
印　　次：2025 年 5 月北京第 2 次印刷
定　　价：50.00 元

如有印装质量问题，请凭购书发票与质检部联系调换
联系电话：010 - 57350337

目　录

职场篇：职场开挂，话术即武器

家庭篇：家和万事兴，沟通是桥梁

社会篇：社交达人，言谈是名片

柳　臻
姜智恒
杨　希

职场篇：

职场开挂，话术即武器

委婉沟通，化解职场沟通障碍

罗志鹏

古语有云："言辞如水，能载舟亦能覆舟。"此言可谓言简意赅，深刻揭示了沟通在职场中的核心地位。水，它温柔而深沉，既能滋润大地，又能翻江倒海，威力无边。同样，我们的言辞，能够如清泉般滋润人心，搭建起友谊与合作的桥梁；亦能如洪水猛兽，瞬间摧毁原本稳固的关系。

"言为心声，语为桥梁。"在职场这个充满竞争与合作的世界里，沟通是连接人与人之间的纽带。委婉的沟通方式，如同绵绵细雨，悄无声息间化解了冲突与误会，拉近了人与人之间的距离。它不仅能够使我们的观点更易为他人所接受，更能彰显出我们的修养与素质，赢得他人的尊重与信任。

在职场中，委婉沟通的重要性不言而喻。面对同事的错误，直接指责往往会让对方心生反感，而委婉地提出建议则更能得到对方的接纳与感激。在向领导表达自己的想法时，过于直白的言辞可能会让人觉得我们缺乏成熟与稳重，而委婉陈述则能够展现出我们的智慧与谋略。

委婉沟通并非虚伪地掩饰，而是智慧的体现。它需要我们用心去聆听对方的心声，用爱去包容对方的不足，用智慧去化解彼此间的矛盾。只有这样，我们才能在职场中收获真挚的友谊与信任，为自己的职业生涯铺设坚实的基石。

一、沟通障碍与破解之道

在职场这个纷繁复杂的舞台上，沟通是连接人与人之间的桥梁。然而，我们常常会发现，沟通并不总是顺畅无阻的。直言不讳可能会伤害到他人，过度委婉又可能让人捉摸不透。这些沟通痛点不仅影响了人际关系的和谐，更阻碍了我们职场发展的步伐。

首先，我们来分析直言不讳所带来的沟通痛点。在职场中，有些人性格直率，言辞犀利，他们往往习惯于直来直去地表达自己的观点和意见。然而，这种沟通方式往往容易触碰到他人的敏感点，引发不必要的冲突和误解。

以小王为例，他是一位年轻有为的市场经理，在一次团队会议上，他直接指出了某位同事的策划方案存在的问题，并毫不客气地提出了自己的看法。虽然小王的出发点是为了团队的整体利益，但他的言辞过于尖锐，让那位同事感到十分尴尬和沮丧。结果，原本应该是一次建设性的讨论，却因为小王的直言不讳而演变成了一场争吵。

这种直言不讳的沟通方式，不仅伤害了同事之间的感情，还可能导致团队氛围的紧张和工作效率的下降。

然而，过度委婉同样会带来沟通痛点。有些人为了避免冲突和得罪人，习惯于含糊其词，让人捉摸不透其真实意图。这种沟通方式虽然看似温和，但可能导致信息的失真和误解的产生。

以小李为例，他在一次项目汇报中，对于项目中存在的一些问题采取了避重就轻的处理方式，没有直接向领导提出。结果，领导对项目的进展情况产生了误解，认为一切都在顺利进行中。直到项目交付时才发现问题重重，导致了严重的后果。这种过度委婉的沟通方式，让小李失去了及时解决问题的机会，也给团队带来了不必要的损失。

因此，我们需要在沟通中保持真实和坦诚，避免使用含混不清的表达方式。同时，我们也要学会倾听和理解他人的观点，尊重他人的感受和意见。只有这样，我们才能建立起良好的职场沟通氛围，实现有效的信息共享和协作。

为了破解职场沟通中的痛点，我们要学会用恰当的方式表达自己的观点和意见，注重倾听和理解他人的观点，尊重他人的感受和意见，建立良好的职场沟通氛围和文化，鼓励团队成员之间进行开放、坦诚和尊重的沟通。

　　总之，职场沟通中的痛点不仅影响了人际关系的和谐，更阻碍了我们职场发展的步伐。我们需要通过增强沟通技巧和意识、注重倾听和理解、建立良好的沟通氛围和文化等方式来破解这些痛点。只有这样，我们才能在职场中取得更好的成绩和发展。

二、职场委婉沟通的艺术

　　在职场中，我们每天都不可避免地要与同事、领导或客户进行沟通和交流。而如何在职场中实现委婉沟通，收获好人缘，则成为每位职场人士必须掌握的技巧。我们可以从倾听与理解、选择合适的措辞以及注重语气与表情这三个关键知识点，深入理解如何在职场中运用委婉沟通的艺术。

　　首先，倾听与理解是委婉沟通的基础。在职场中，我们往往急于表达自己的观点和需求，却忽视了倾听他人的声音。然而，真正的沟通是一个双向的过程，我们需要学会耐心倾听他人的意见和想法，理解对方的立场和需求。只有真正了解对方，我们才能找到最合适的沟通方式，避免误解和冲突的产生。例如，当同事提出不同意见时，我们可以先静下心来倾听他们的观点，理解他们的担忧和诉求，然后再有针对性地提出自己的看法和建议。

这样，我们不仅能够建立起良好的沟通氛围，还能够增进彼此之间的理解和信任。

其次，选择合适的措辞是委婉沟通的关键。委婉沟通并不意味着含糊其词或回避问题，而是在尊重事实的基础上，用更加温和、委婉的方式来表达自己的观点和需求。在职场中，我们要避免使用过于尖锐或带有攻击性的语言，以免伤害到对方的感情和自尊。相反，我们应该学会用平和、友善的措辞来表达自己的看法，让对方更容易接受我们的观点。同时，我们还要注意措辞的准确性和清晰性，避免产生歧义或误解。通过选择合适的措辞，我们能够在尊重他人的同时，有效地传达自己的意图和需求。

最后，注重语气与表情是委婉沟通的升华。在职场中，我们的语气和表情往往比语言本身更能传递出我们的态度和情感。柔和的语气和友善的表情能够传递出我们的诚意和善意，让对方感受到我们的温暖和关心。而过于严肃或冷漠的语气和表情则可能让对方感到压力和距离感。因此，在职场中，我们要学会控制自己的情绪和表情，用柔和、友善的语气和表情来传递信息，让对方感受到我们的真诚和善意。这样，我们不仅能够建立起良好的人际关系，还能够提升自己在职场中的影响力和竞争力。

总之要在职场中实现委婉沟通、收获好人缘，我们需要掌握倾听与理解、选择合适的措辞以及注重语气与表情这三个关键知识点。通过不断学习和实践这些技巧，我们能够在职场中更加从容地应对各种沟通场景，建立起良好的人际关系，为自己的职业发展打下坚实的基础。同时，我们也能够用委婉沟通的艺术来化解职场中的矛盾和冲突，营造出一个和谐、融洽的工作氛围。

三、沟通实例呈现

案例一

小王是一名新入职的员工，在参加团队会议时，他发现团队中的一个方案存在一些问题。他没有直接指责或否定团队的工作，而是委婉地提出了自己的建议："我觉得我们的方案在某些方面还有优化的空间。比如，我们可以考虑从用户的角度出发，进一步优化用户体验。当然，这只是我的个人看法，希望能对团队的工作有所帮助。"

案例二

小张和小李是同事，因为工作分配问题产生了分歧。小张觉得小李分配给自己的任务过重，而小李则认为小张有能力完成。在沟通时，小张没有直接指责小李，而是委婉地表达了自己的担忧:"小李,我理解你的安排是出于对我的信任,但我感觉这次的任务量对我来说有点大,担心会影响到工作质量和进度。我们能不能一起商量一下,看看能否调整一下任务分配呢?"小李听到后,也意识到自己的考虑不周,于是两人协商,最终达成了一致。

以上两则实例告诉我们,在职场中,委婉沟通是一门艺术,它要求我们在表达自己的想法和需求时,既要明确又要顾及对方的感受,避免直接的冲突和误解。以下是根据上述内容,详细探讨如何在职场中实际运用委婉沟通的方式以及策略内核。

首先,委婉沟通的核心在于尊重与理解。在团队会议中发现方案存在问题时,小王作为一名新入职的员工,在参加团队会议时,敏锐地察觉到了团队方案中的某些问题。他并没有直接批评或否定团队的工作,而是选择了一种更为温和的方式表达自己的看法。他首先肯定了团队的付出,然后提出了自己的优化建议,并明确表示这只是个人看法,希望对团队有所帮助。这种表达方式既表达了自己的观点,又避免了给团队带来不必要的压力,让团队成员更愿意接受他的建议。另外,他是以一种谦逊且尊重的态度,委婉地提出了自己的见解。他温和地表示:"我注意到,我们的方案在某些方面或许还有进一步优化的空间。比如,从用户的角度出发,我们或许可以深入思考如何提升他们的使用体验。当然,这只是我个人的浅见,希望能够为团队的工作带来一丝新的启示。"小王的这种表达方式，既展现了他的专业素养，又避免了直接冲突，让团队成员在接收到他的建议时，能够以一种开放和接纳的心态去思考。这样的沟通方式，不仅有助于问题的顺利解决，还让小王在团队中赢得了更多的尊重和信任。

其次，委婉沟通需要注重语言的选择和语气的控制。在表达担忧或不满时，我们可以使用"我觉得""我担心"等词汇，以表达个人的主观感受，而不是直接指责对方。同时，语气要平和、友善，避免使用过于尖锐或冷漠的措辞。另一个实际案例涉及小张和小李两位同事。他们因工作分配问题产生了分歧，小张觉得小李分配给自己的任务过重，而小李则认为小张有能力完成。面对这种情况，小张没有选择直接指责小李，而是以一种理解且尊重的态度，委婉地表达了自己的担忧。他诚恳地说："小李，我深知你的安排是出于对我的信任和期待，对此我深表感激。然而，我仔细考虑后，觉得这次的任务量对我来说可能有些超出负荷，我担心这会影响到工作的质量和进度。我们能不能一起商量一下，看看能否对任务分配进行微调，以确保我们能够更好地完成工作呢？"小张的这种表达方式，让小李意识到了自己的考虑可能不够周全，两人经过协商，最终达成了一致。这个案例告诉我们，委婉沟通并不是回避问题，而是在尊重和理解对方的基础上，寻求双方都能接受的解决方案。

这两个实例都向我们展示了委婉沟通在职场中的重要作用。它不仅能够有效地传达我们的想法和需求，还能避免不必要的冲突和误解，从而维护良好的人际关系。通过委婉沟通，我们可以更好地与同事、上级或下属进行交流，共同解决问题，推动工作的顺利进行。在职场中，我们应该学会运用委婉沟通的方式，尊重他人的意见和感受，以开放和包容的心态去接纳不同的声音。同时，我们也要善于倾听和理解他人的观点，寻求双方都能接受的解决方案。这样，我们才能在职场中取得更好的成绩，赢得更多的尊重和信任。

除此之外，委婉沟通还需要我们善于倾听和理解对方的观点。在沟通过程中，我们要给予对方充分的时间来表达自己的想法和需求，同时也要认真倾听并理解对方的观点。只有当我们真正了解对方的想法和需求时，我们才能找到双方都能接受的解决方案。从自身发展而言，委婉沟通还需要我们具备解决问题的能力和合作精神。在发现问题或产生分歧时，我们要积极寻求解决方案，而不是一味地抱怨或指责。同时，我们也要愿意与他人合作，共同解决问题，以达到更好的工作效果。

当然，委婉沟通并不是一种万能的沟通方式，它也有其局限性和适用范围。在某些情况下，直接、明确的沟通可能更为有效。因此，在实际运用中，我们需要根据具体情况灵活运用不同的沟通方式，以达到最佳的沟通效果。

四、用智慧和尊重铺平职场之路，收获好人缘！

在繁忙而复杂的职场中，委婉沟通以其独特的魅力，如春风化雨般滋润着每一个交流的心田，成为一种高效且富有智慧的交流方式。它并非简单的言辞修饰，而是建立在深度倾听与尊重他人之上的艺术。通过精心选择措辞，注重语气与表情的协调，我们能够在不伤害他人感情的前提下，表达自己的观点和需求，从而化解潜在的冲突，赢得他人的信任与好感。

委婉沟通的本质，并非回避问题或掩饰真相，而是在尊重事实的基础上，以更为和谐、包容的态度与他人进行心灵的对话。它如同一把钥匙，能够打开人与人之间心灵的锁链，让双方能够坦诚相待，共同面对职场的挑战。这种沟通方式强调双方的平等与尊重，避免了直接的冲突和对抗，有助于建立更加稳固的人际关系。

在职场中，人际关系的重要性不言而喻。一个良好的人际关系网络就如同一张密密麻麻的蜘蛛网，能够为我们捕捉机遇，提供有力支持，让我们在职业生涯中如鱼得水。而委婉沟通正是打造这一网络的关键所在。通过它，我们能够赢得他人的尊重和友谊，为职业生涯的发展铺平道路。

学会运用委婉沟通的技巧，对于我们每一个人来说都至关重要。它不仅仅是一种沟通方式，更是一种职场智慧和人生态度。它教会我们如何在面对冲突时保持冷静，如何在表达观点时保持尊重，如何在倾听他人时保持耐心。这些品质将伴随我们走过职场的每一个阶段，让我们能够更加从容地面对挑战，更加自信地迎接机遇。

　　让我们以更加开放、包容的心态去面对职场中的挑战与机遇，用委婉沟通为职业生涯描绘出一幅更加美好、和谐的画卷。在这个充满变数的时代里，愿我们都能成为职场中的智者，用智慧与包容书写属于自己的辉煌篇章。

情绪觉察，是学会拒绝他人的前提

项必玲

我曾经听过一句话"你与身边最亲近的五个人的关系决定了你的幸福指数与财富指数"。当我听到这句话的时候内心颇为感慨，觉得人与人之间的关系就是这样的。

写这篇文章的初衷是，在新励成授课《高情商沟通》的第五个年头，常常有很多同学在私下咨询我一些问题：老师，怎么高情商拒绝别人？老师，怎么能够真正做到非暴力沟通？我发现学了这么多，到关键时刻，就啥方法技巧都用不起来了。

发现没有？对于很多人而言，阻碍我们沟通的那个真正的关卡通常都不是因为少了某个技巧，而是因为我们陷在情绪里头。

举个例子，别人跟你借钱，你要怎么去拒绝他啊？老板要你加班，你要怎么样跟他说不啊？同事要求你帮他忙，你要怎么拒绝他？当我们出现这些困局的时候，我们是卡在什么地方？是卡在有某种神秘的力量让你话到嘴边说不出口。这种神秘的力量就是我们内在的情绪和情绪背后的感受／想法。

每一个行为的背后都有一份内在的情绪和感受。

比如在面对拒绝的时候，有时候我们会感到有压力：拒绝了对方会不会不喜欢我，否定我？会感到不好意思：不帮忙会不会不好？会觉得尴尬：拒绝了会不会伤害我们的情谊？甚至有人会觉得愧疚：我这样对方会不会受伤啊……这些都是什么？是典型的情绪和情绪背后的感受／想法。

那如果你本身在拒绝别人的时候，你情绪这一关是卡住的，这时候拥有再多的拒绝话术有没有意义？其实毫无意义，就算有人手把手地教你怎么拒绝的话术，我们依然在那个情境下说不出口。但问题又来了，我们拒绝说不出口，不拒绝又难受，我们到底该怎么办？或许，今天的这篇文章，能够给你一定的启发。

一、觉察分析

正如前面所设想：我要如何拒绝又不伤害感情啊？

这句话的重点是在后半句，你是想拒绝的，但你希望的是以不伤害感情的方式去拒绝。但我想告诉大家的是，对方跟你提出请求或者诉求，说明是渴望你帮助或支持他的，那么我们即使用再高级的方式拒绝他，相对被支持而言对方多少都会有些小失望失落的。

所以这背后涉及的是你的价值观排序，你不能既要又想要。你想要的是先满足自己的需求，那么就拒绝；你如果想优先满足对方那就支持对方的请求。鱼与熊掌不可兼得，用比较俗的话这就是典型的想吃饭又不想付钱。

所以当我们一直想着拒绝了对方，他会失望，就会伤害对方，那你一定会陷入不会拒绝的牢笼当中。

但如果我们换一个角度去思考，我相信我有足够的价值，能够让对方接纳这次拒绝，不会因为一次拒绝就讨厌我或者否定我。因为关系是长期的，长远的，不是只看一次。

融入情境当中：我这次拒绝了加班，可是我平常工作很认真，在岗位当中有足够的价值和足够的贡献度，领导看的是综合长期主义，不会因为一次拒绝就否定了我在岗位中的贡献价值；我这次虽然拒绝了给朋友帮忙，但我一直很珍视我们的友情，也有付出实际行动，朋友不会因为一次的拒绝而否定我过去一直对这段友情的珍视与付出。

所以当我们觉察分析不会拒绝别人背后的情绪与想法，并且去检视自己的想法是否极端化的，是否非理性，当我们松动了想法，背后的那份诸如害怕、羞愧、恐惧、不好意思、焦虑等情绪也会进而缓解消失，自然能够内外一致地说出拒绝的话。基于过往个案，给大家综合总结一下不会拒绝背后的常态化情绪与非理性想法。

情绪：焦虑。

非理性想法：拒绝别人等于否定自己。

比如，当我拒绝了领导的加班要求，那么领导就会否定我，不认可我；所以拒绝别人等于否定自己。

情绪：羞愧。

非理性想法：拒绝别人会让他人受伤。

比如，他已经很无助了，向我求助，我却拒绝了他，他一定很受伤，我要为他的人生负责。

情绪：恐惧。

非理性想法：拒绝别人，对方就会讨厌我。

比如：我拒绝你，你一定会不开心甚至讨厌我，我不能被你讨厌，所以我宁可优先满足你的需求，忽视我自己的需求。

综上，送给大家一句话，觉察就是拒绝的开始。

二、高情商拒绝法则

传递理解。传递理解的核心是在于理解和看见对方的情绪与处境。比如，领导要求你加班，那你可以表达你对加班的理解，类似你可以说："领导，我理解最近公司的项目很赶……"又比如，朋友找你借钱，那你如何表达对他的理解呢？类似你可以说："我理解你找我借钱，一定是生活当中面临一定的困难处境……"

　　表明立场。注意第一时间，直接拒绝，第一人称。什么意思呢？当我们心里的立场已经决定是要拒绝对方时，请在合适的场合第一时间拒绝对方，因为当我们能够第一时间拒绝对方的时候，其实给到对方寻求其他帮助的更多的时间和机会。那么第一人称是什么意思呢？也就是我们在拒绝他人的时候，是以当事人我的角度去拒绝，比如说【拒绝借钱】："我理解你的处境……确实，我最近手头也比较紧，确实没法帮助你……"比如说【拒绝加班】："我理解公司最近项目紧，但确实很抱歉领导，今天我没法加班，我下班之后有一个非常重要的活动是提前安排好了的……"

　　说明理由。建议最好只用一个理由。当我们说了很多的理由，反倒容易让对方觉得过多解释是掩饰。

　　给出方案。最后，我们虽然拒绝了对方，但我们依然可以给到对方一些力所能及的方案和建议，比如说今天你不能加班，但明天或者哪一天是可以的。比如说，虽然咱们不能帮忙但可以提出一些对对方有价值的建议等。相信对方能够理解我们拒绝的不是他这个人，而是当下这件事。

　　包括我们会发现生活中有一部分人往往会给自己贴一个标签"我是社恐""我不会表达""我不擅长处理人际关系"……其实真的是他们社恐，不会说话吗？更多的是这类人在社交中有一种常态化的情绪——焦虑。有没有发现当一个人在一段关系中有着焦虑情绪时，就会很担心说错话，所以不同的人就会呈现出不同的方式。有些人可能通过不说的方式避免说错话，有些人是一件事明明用一句话就可以说完，但因为担心说错话，被误会，非要用二十句话去做解释说明。结果发现不论是用前者还是后者的方式，越焦虑越出错，从而就给自己下了一个定义：我是一个不擅长处理关系的人。有没有发现，我们不知不觉，陷入了情绪的陷阱。

我们一起来分析看看为何会陷入焦虑情绪的陷阱。可能背后我们有一个非理性想法，叫作我不能说错话，说错话了我就死定了，当我们有这样的想法时，焦虑就会特别严重。然而说错话我们就真的死定了吗？我们可不可以道歉？只要你不是恶意的。通常都会被接受，对吗？所以当我们开始意识到，说错话，我是可以说对不起的，我是可以放下身段跟人道歉的。那么，与其那么害怕说错话，不如我其实也可以学着诚心道歉，这么一思考，是否就不用那么怕说错话了呢？

还有没有别的可能呢？说错话，以后我可以弥补嘛，什么叫弥补？就是我们人际关系是长期的，虽然这一次我说错话，他可能会不开心。可是我有机会弥补啊，我们又不是只做一天的朋友，我们也可以在日常生活中不断储存情感银行。当我知道自己可以提供别的价值，让我说错话的那个对象，他愿意包容我。发现没有？这样咱们就不会那么害怕说错话了。

有没有别的选择呢？有啊，说错话以后我可以不介意出点小糗嘛。什么意思？就当不小心说错话了啊。

就算这个玩笑不好笑了，没关系。尴尬被大家笑一笑，我无所谓，我可以不介意啊。我没有偶像包袱啊，不介意出点小糗，这个时候你就不需要那么害怕说错话了。在心里告诉自己，我们不是偶像，不需要偶像包袱，我们允许接纳自己偶尔被调侃。很多关系的深入往往都是从看见真实的彼此开始，我们在人际关系中的幸福指数往往也是从接纳不完美的自己与对方开始的。

你看，一旦你知道你说错话了之后，你还有很多选择。你学会了延伸问题之后，你就不会在同一个错误上注入过多的焦虑。所以送给大家一句话："没有错误，只有不断获得反馈和机会。"

接下来我们一起来举一反三分析。

情境：当你遇到一个新的领导，与你对接工作时，其实你没听懂，但是你因为害怕领导觉得你太笨了，所以假装听懂了。

如果按照过往的模式，我们去觉察自己的情绪它可能是什么？可能是有恐惧和焦虑对吗？接下来我们可以继续延伸问题问自己，如果我提问领导我真的说错话了我可以怎么办？我虽然说错话，但是不是更加清晰领导的目标了？是不是有了进一步了解领导诉求的机会？是不是未来更能够有效地完成领导的要求？

而反观之，如果我因为害怕说错话，怕领导觉得我太笨，明明不懂也不敢向领导提问，虽然暂时躲开了可能说错话带来的尴尬处境。但同时又会产生怎样的后果呢？有没有可能因为我们没有跟领导确认提问，你做事的方向完全与领导背离了？从而犯更大的错，更加无法弥补，错失了领导对你的信任，影响了自我的职业晋升……

　　基于以上的延伸问题，你是会选择前者不说话避免犯错，还是会选择后者向领导提问，虽然说错话但获得了更清晰的目标呢？我相信大家更多会倾向于后者。你就会发觉关于"我是社恐""我不会表达""我不擅长处理人际关系"它不是个技巧问题，它其实在前面是一个思想观念问题。当我们的思想观念发生了调整，我们的行为也会发生变化，我们首先要在心理上愿意让自己不断尝试，主动沟通，其次才是学习方法。心法不开，技法无用。心通了，接下来给大家分享一个通用技法。

　　在人的沟通中，我们都有一扇沟通视窗。而这扇沟通视窗在隐形影响着我们的沟通结果。那么这项沟通视窗，它其实分为四个窗口。

　　我自己知道，别人也知道的窗口，叫作公开区。

　　别人知道但我自己不知道的窗口，叫作盲区。

　　我自己知道但别人不知道的窗口，叫作隐私区。

　　我自己不知道，别人也不知道的窗口，叫作未知区。

　　很显然，我们想要让沟通的结果更好，一定是第一个窗口公开区域越大，彼此之间才能更好地达成信息的共识，更好地促进关系促成合作。

　　那么，如何让我们的第一个窗口公开区域更大化呢？我们就需要不断消除盲区和减少隐私区，并且缩小未知区；就会让我们的公开区域越来越大。

我们不知道但别人知道的盲区，就像每个人不知道自己的后背长什么样，同样的，如果不知道自己对领导的指令是否理解有误，我们就需要去寻求领导的反馈，避免深陷盲区。所以我们要同领导做信息的确认，寻求反馈。

而我们自己知道但别人不知道的隐私区，例如你特别喜欢一个人，但你没有说出口，对方并不是你心里的蛔虫，他并不知道，对吗？再比如说，你很欣赏领导对于市场分析的敏锐度，你想向他请教学习，但你没有表达出来对方同样也是不知道的，没有接收到你的信息，更别谈回应你的诉求。所以我们就总结出来了：好的社交关系 = 主动表达 + 减少隐私区 + 寻求反馈（消除盲区）。

三、职场沟通有妙招

第一招：主动表达善意。当我们在一个新的环境，新的项目中，你想要很好与对方达成合作，你可以选择主动社交表达善意：你好我是 ×××，哎哟，能和杨老师一起做项目，这个机会太难得了，对我来说是一个特别好的学习机会。领导布置了这个任务，咱们先对一对情况，我先把我知道的信息和你同步一下……

第二招：积极寻求反馈——确认信息，鼓励建议，开放结尾，闻过则喜。

当我们与领导或者团队开会对接项目方案时。在陈述完自我观点，会议结束前，你可以问大家："以上是我对这个方案的初步设想，大家是否还有疑问的地方（确认信息）？大家针对今天的方案是否有更好的建议？杨总、吴总，你们是否有更好的建议，请多多指导（鼓励建议）……谢谢大家的反馈，同时如果会后大家还有更好的思路，欢迎大家与我多多交流，谢谢大家（开放结尾）。"当然如果过程中大家有提出一些建议，我们不是特别认同，也要抱着一种开放的、感恩的态度，当我们抱着这样的一份开放姿态沟通，才能获得更多的信息反馈，才会让我们的沟通视窗公开区域越大，更好地达成信息共识与取得沟通结果。你学会了吗？

在最后，想要告诉大家，我们经常希望自己成为一个高情商沟通的人，其实沟通的难点不在于沟通的方法技巧，这些我们可以学习，沟通的难点更在于高情商，高情商的背后是高情绪，一个积极稳定情绪的人才能在沟通中，更好地调用方法技巧。愿大家在沟通中不怕难事：把"我不行"变成"我尽力"，把"我不会"变成"我可以学"。无论谁给你一个艰巨的任务，你都大胆接住，把难事琢磨透了，你就成长了。一个社交觉醒的人，一个有情绪觉知的人，在阅万种人后，都有自己的一套交友标准。他们以能者为镜，照见不足；以强者为灯，指引人生路。

成长型思维赋能沟通，让你开口即是正能量

项必玲

"注意你的思想，它会变成你的语言；注意你的语言，它会变成你的行为；注意你的行为；它会变成你的习惯；注意你的习惯，它会变成你的性格；注意你的性格，它会决定你的命运。"

——英国撒切尔夫人

一个人的思维方式影响认知，认知影响行为，行为影响习惯，习惯影响性格，性格决定命运！一个人的思维方式，是基于他对客观事物的理解和认知，并蕴含在他的学习、工作和生活之中，贯穿于他一生的为人处世和待人接物。庄子说，先做到"外化"，再修炼"内不化"，而外化就是外在的言行。改变你说话的方式，就是在改变你的思维方式。

今天想给大家分享一个射击冠军的故事，这个人的名字叫郭文珺，我看了一个报道，特别有意思。她比赛的时候，预赛的成

绩一直都不理想，可是到了决赛呢，她状态突然大变。很精彩，拿了个冠军。

当时，中央电视台有一个节目叫《与冠军有约》，当时主持人就问她说："文珺，我看你比赛的时候都替你捏了一把汗，你预赛表现并不理想。所以你一直都被其他国家压在下面，可是预赛结束之后进入中场休息，中场休息了15分钟。不知道发生了什么，再一次回到决赛场，你的每一枪都很准，你的状态大变。很顺利。拿了金牌。"主持人说："我特别好奇，中场休息15分钟，到底发生了什么？"她是很酷的一个女孩，就很冷淡地说了两句话。

她说："哎，其实也没啥，我就问了我教练两个问题，他回答我了，我就夺冠了。"牛不牛？各位。

如果有一天你的员工表现非常厉害，人家说为什么你表现这么厉害？没事儿，我老大给了我两句话，我就表现厉害了。

所以主持人就特别感兴趣，问她："你问了你教练哪两个问题？"她说："我问我教练的第一个问题是：教练，你觉得我的预赛打得怎么样？第二个问题是：教练，你觉得我的决赛有哪些缺点需要改正？"

类似的问题大家熟悉吗？有没有员工问过领导"这个季度我有哪些缺点需要改正，我表现得怎么样？"有没有人问过你"你觉得我表现怎么样？"那么你是怎么回答的呢？不同的回答会导致对方的状态不一样。所以当时郭文珺的教练是怎么回答的呢？

　　她说她的教练就问了她一个问题：在你的预赛当中，你去回忆一下你预赛里面你打的效果最好的，你最满意、最有成就感的两枪是哪两枪？当他把这个话一说，大家觉得郭文珺的思维定位在哪里？是的，她定位在打得最好的几枪，于是郭文珺回答："我的第三枪和第六枪打得很不错。每一个都在十环以上。"有没有发现郭文珺的思维在教练提问的引导下，从负向转向了正向？

　　教练继续乘胜追击说："是的，我做了记录。"他把记录表拿出来："你的第三枪一上台，你的站姿是怎样的？你的面部表情是怎样的？你的动作是怎样的？我留意到你的呼吸是……"

　　教练又一次用细节把郭文珺带到了哪里？带到了当时的成功状态，她的情绪是不是又一次的正向？教练通过两次提问，把郭文珺的思维继续带向正向循环。情绪状态螺旋式往上发展。我们把它叫作赋能型沟通，也是一种成长型思维沟通。

　　试想，有没有人可能是这样回答的：你的预赛真的打得太差劲了，你的第二枪直接连子弹都找不到了，第四枪呢，打了个六环，你这么打不行……她的思维是正还是负的？郭文珺的思维满满的都是打烂的那几枪，思维是负向的，她的情绪状态会怎样？是紧张恐惧的，也是负的。那么她的行为会怎样？也是负的，结果呢，很有可能又是负向结果。所以我们会发现，当不断负向提问的时候，思维的螺旋旋涡会不断往下走，这个就是另一个维度的负能。所以我们不同的语言带出的能量状态，要么赋能，要么负能，你都在赋能。那么日常工作生活中你是往上还是往下赋能呢？

接下来，我们一起来探讨，如何拥有成长型思维沟通，给沟通对象真正的赋能？

- **觉察分析你的语言焦点**
- **转换你的语言焦点**
- **养成新的语言模式**
- **趋近成长型思维沟通**

我们过去在职场上下级沟通对接中容易高频出现的词汇是什么呢？经过调研，我给大家总结了几个关键词。

- **问题**
- **没时间**
- **压力**
- **失败**
- **人在江湖身不由己**

首先第一个关键词"问题"。很多人在跟领导汇报工作时，都容易说："领导这个项目出现了一点问题，目前是×××情况"，当我们说"问题"这个词汇时，我们的语言焦点相对是正向还是负向？是的，它是负向。接下来第二步？如何转换你的语言焦点呢？"问题"这个词汇可不可以变得更加正向积极呢？可不可以是"挑战"？那么在这里，当领导对下沟通时转换语言焦点提问对方："我们遇到的这个挑战……你的想法和计划是怎样的？可以说说看……"是不是一下子就把对方的焦点转为了正向循环？一词之差，你已经在成为一个赋能型领导了，由此我们可以举一反三，赋能自己和沟通对象，养成新的语言模式，趋近成长型沟通方式。

再比如第二个关键词"没时间"。这是管理者的十大致命伤，经常把"没时间"挂在嘴边，说明我们的精力管理是不够的，当我们常态化处于没时间的状态，是否很多需要做的事情，都会形成拖延？一个优秀的管理者一定是保持日益精进的状态，管理者的思维是一家企业的天花板。所以你可能要觉察"没时间"背后给我们带来的影响了……这个时候如何转换语言呢？我们不可能骗自己说：我很有时间。那是转换不过来的。但我们可不可以说："我最近很充实，但这个事情也很重要，我可以现在就安排一下……"把"没时间"换成"我现在就安排"。有没有发现，这个时候你就会真正行动起来，当我们行动起来，我们的能量又在不断螺旋式上升。未来当你的团队伙伴说道："任务艰巨，真的没时间啊……"你学会了吗？可以怎样引导对方？答案不是唯一的，但我想我们可以跟对方说一句：是的，最近很充裕，那我们可以安排看看，如果这个项目达成了，未来可能会有怎样的结果。

第三个关键词"压力"。这个也是职场生活高频词。很多人经常把"我最近压力很大"挂在嘴边。如果你的领导开会经常说，公司近期压力很大。作为公司的核心一员，我们如何赋能我们的领导呢？常言道："锦上添花容易，雪中送炭难得。"当所有人都陷入压力旋涡，觉察我们的能量是往上还是往下走？它一定是被压力旋涡往下拉。这时候，如何运用成长型思维说话呢？

如果你对领导说一句："领导，企业的发展是我们集体的责任，我们一起承担，您看看在我的维度我可以做些什么？"

领导听了后是什么感受？他会觉得你很有承担意识，也会更多看到自己压力背后是一个特别有责任感的管理者。对自己和对你都多了一份更积极正面的认可和能量。你感受到语言的魔力了吗？未来当身边有个人总把压力挂在嘴边，你知道如何引导了吗？是的，不是压力，是很有责任……

第四个关键词"失败"。当有人说"我太失败了，怎么这么低级的错误也犯"……当一个人定义自己失败的时候。他的能量是极低的。一个团队的发展，一个人可以走得很快，但一群人可以走得更远。团队的魅力在于"1+1>2"。你可以怎样引导对方呢？说他成功很牵强，但可不可以说他："通过这个事情，我们又掌握了很多经验，我们一起来看看下次如何做得更好？"

他听到后是什么感觉呢？在自己都否定自己的时候，有这样一个人却在接纳他，在肯定他这并不是失败，而是一次经验。想想看，他是不是瞬间从一个特别负能的状态往积极的方向发展了呢？你看，你又一次做了成长型思维的赋能沟通。

第五个关键词"人在江湖，身不由己"。有没有发现，现在在后疫情时代，很多人都得了一种焦虑综合征。时不时把"我没有办法啊，人在江湖，身不由己"等诸如此类的词汇常挂嘴边。

我们能感受到这个词汇背后的焦虑，一种较为低能的能量。这是一个内卷的时代，如何从焦虑的内卷中破局？

所以这个语言模式可以如何调整呢？

当有人这么对你说，你可不可以尝试告诉他："是啊，我们的命运不是掌握在外界的，我们有能力选择并且为之负责。你可以试试，做个选择。"

你看，至少在你如此的引导下。他从没法选择的外在归因，开始思考"我可以做出怎样的选择"的内在自我对话了，是不是间接让自己把命运的选择权掌握在了手里。

前面是一个命运都由不得自己的状态，到现在是命运可以由自己选择的状态。哪个给他带来的能量更强呢？很显然是后者……

所以回到开篇："注意你的思想，它会变成你的语言；注意你的语言，它会变成你的行为；注意你的行为，它会变成你的习惯；注意你的习惯，它会变成你的性格；注意你的性格，它会决定你的命运。"往往很多时候，不是我们表面所言的性格决定命运，而是思想决定命运，而外在的语言是我们内在的思想的投射和体现，通过调整和改变我们的语言模式，也可以间接影响我们的思想和思维，让我们在一个成长型的思维沟通方式当中，拥有更好的人生命运。

当然了，除此之外，很多时候我们所面临的一些沟通的场景，或者是关键的对话，我们都是处于后知后觉的状态，难免在不明情况的时候做到成长型思维的沟通。比如说当我们在职场中被批评指责的时候，或者我们自己在情绪中，没有办法很平静地沟通的时候，这些关键时刻我们该怎么办呢？

送给大家一句话："沟通也需要创造天时、地利、人和。"什么意思呢？也就是告诉大家我们在这些关键对话场景中，可以尝试"换时间""换场合""换角色"，化解当下沟通的尴尬局面。

换时间。举个例子，马上就要下班了，领导突然把你叫住，说："哎，小项，我有个事儿跟你商量一下，我想给你调个岗，把你调到客服，你觉得怎么样啊？"呀，一下你就僵在这儿了，怎么领导突然提这事儿，一点心理准备都没有啊？那我是不是只能回答行或者不行啊？我要是回答不行，是不是领导会不高兴啊？你看很多人在这个时候就会特别紧张。我要提醒你，此时此刻你可以采取换时间的方式来解决这个问题。

化被动为主动，你可以这么回复："领导，这么重大的事儿啊，我得认真想想，您能不能给我点时间，我好好想一想，然后我来给您汇报一下，您看行吗？"

一般来说，领导都会说：行，没问题，慢慢想啊，想好来找我，或者说这事很着急，只有 24 小时，你明天就得来找我。其实啊，给你多长时间一点都不重要，重要的是等你回去想一想，把这个时间换了之后再来的时候你就是这次沟通的发起者了，你可以带着你想好的目标、条件、计划、要求来跟领导沟通。你看通过换时间，其实你是把掌控权拿回到了自己的手上，变成了一个主动发起沟通的人。

在极端的情况下，我们甚至可以用一分钟暂停法来换时间，比如对方突然说了一段很激烈的话，你可以这么说：实在不好意思，我能去个洗手间吗？一分钟就回来，真抱歉啊。或者说：哎呀，有点急事，我先打个电话，一分钟就回来。不要小看这一分钟，这一分钟其实就改变了双方的关系，换时间其实是换了我们的主控权。等你再回来的时候，你就可以发起新一轮的沟通，这时候你可以把自己想象成那个篮球比赛的教练，很多教练会突然喊一个暂停。不懂的人呢，会以为他喊暂停，就是要布置新的战术，其实不见得，有的时候，他就是希望喊暂停来改变一下比赛的节奏。节奏一变，其实策略就变了，双方胜负的关键节点可能也变了，这就叫作换时间。轻松化解关键对话时刻的尴尬。

换场合。举个例子，比如今天领导开大会了，说接下来，我们要大干 100 天。所有的干部把休假全部取消，双休日全部要来加班，我们一定要达成今年的总目标。大家说有问题吗？领导掷地有声的话刚说完，你面露难色，领导就发现了呀，就会问你："小项，你有什么难处啊，说出来不要紧的。"你这时候说："哎呀，领导，丈母娘要来，我得去接机啊，所以呢，我周末加不了班。"

你说领导怎么回复你？领导只能说："哎，怎么回事儿？刚才开会，你没听吗？你不是这公司的人吗？你跟公司战略没关系吗？"你看这马上变成了一个非常激烈的冲突，你们双方都很难受，这个时候你就可以使用这个换场合的办法。你可以这么说："哎，领导没事，那个会后我跟您说一句。"那就把这个事儿给降级了，等散会之后你可以到他办公室去，私下跟他说说。"领导，真抱歉，我这不是很快要结婚嘛，丈母娘来了。我去接一趟，但是后面我都没问题啊。"90%的情况下，领导都会答应你，会上他那么愤怒，会后说他就会答应你。这是为什么？不是因为你们俩关系变了，而是因为领导的身份变了，在公开的场合，他的身份代表了公司，他要维持公司的严肃性。但是在一个私下的很小的场合里面，他就代表了他个人，作为一个人，当然能够理解你的难处，他的同理心也会提升。所以这个方法就叫作换场合。

所以换场合，有不同的用法，如果你希望把一件事儿变大，你希望升级这件事儿的重要性，你就要把场合去做扩大化的处理。比如本来领导是在走廊里拦住你说："哎，上个月的数据怎么回事？你给我说说。"如果你希望借此去协调多个部门的配合，你就得这么说："领导，这事儿太重要了，我把共同协作这个项目的王总和杨总都叫来，我一块儿给您汇报，您看行不行？"就叫两人来，也等于把这个场合扩大了，这个问题，其实就升级了，还有一种情况呢，就是你不希望把这个问题扩大化。这个时候你可以像开头那个案例一样，去降级，你可以说："哎，这件事儿，在这儿不合适，我待会儿晚一点儿，去您办公室跟您说。"或者呢，领导在会上突然问你，你也可以这么说："这几个数据呢，不适合在这么大的范围内来说。等一下我单独跟您汇报一下。"这都叫把场合私密化，就把这些问题进行了相应的降级。这就是换场合。

换角色。有些问题呀，我不好回答，不方便回答或者不愿意回答，这时候怎么办呢？你就可以采取换角色这个方式。换角色的第一种叫从回应者变成提问者，比如领导突然问了你一个问题："小杨，你觉得你们这个季度的指标定得合理吗？"

这个问题咱们怎么回答呀？我既然这么定，我肯定觉得是合理的呀，但是领导这么问，他到底觉得是合理还是不合理呀？不知道，这个时候其实你可以扔回去一个问题，你可以说："领导，这机会太难得了，您既然问到这了，我特别想跟您请教一下。您看我们的指标怎么制定才能更合理，才能更能符合公司的大局呢？"一个问题扔回去，相当于把球传了回去，这个角色就换了，对吗？

另外一种场景，我们也来看个例子，领导突然问你说："小杨，你觉得你们团队干得怎么样啊？你给自己打多少分啊？"你看这个问题其实很难回答，咱们打满分，领导觉得太狂了，说满分十分，我打八分，领导下一个问题肯定是那两分扣哪了，你展开说说。你看这问题就没完了，这个时候啊，如果现场有多人的话，其实就可以换个角色把球传出去。从回应者变成主持人，怎么做呢？可以说："小米，你刚来公司，加入我们团队三个月了，正好是有感受的时候。你说说我们团队应该打几分啊。"

如果没有一个现成的新员工，怎么办呢？那也有办法，你可以说："王老师，你在公司工作这么多年，你给我打分呗。当着领导的面，你说咱们团队能打几分？"你看这样的话，你一下子变成了一个话题的主持人，而且呢，更大的好处是什么呀？你可以让更多的人都参与到这个对话当中来。这就是换角色，你学会了吗？

其实无论是换时间、换场合还是换角色，背后核心的目标是为了更好地进行让彼此有"好感受"的沟通，没有"好感受"就没有"好接受"。成长型思维的沟通方式指引我们在沟通中，要让自己有一个正向积极的情绪与能量状态，要有一个助力关系和结果正向发展的成长思维。希望大家在沟通中拥有一段成长型的关系与结果，而非损耗型的关系与结果。

最后送给大家一句话：打破思维里的围墙，沟通永远不设限。祝福我们都在成长型的思维里获得关系的升温。

职场高效沟通法，降低艰难沟通风险

杨　希

在职场中，沟通是不可或缺的技能，而艰难沟通更是常见现象。那我们来看一看出现艰难沟通的原因会有哪些呢？

比如：

一、在沟通过程中缺乏沟通技巧，信息传递不够准确、不够清晰。

二、在多元文化背景的团队中，由于文化差异导致的沟通障碍很常见。如何确保信息在不同文化背景下都能被准确理解是一个挑战。

三、同时随着远程工作和数字沟通工具的普及，技术问题如网络延迟、设备故障等也可能影响沟通效果。

四、个人情绪、工作压力或人际关系问题都可能影响职场沟通。如何在情绪化的情境下保持冷静和理性，是许多职场人士面临的挑战。

五、每个人都有自己的沟通风格和偏好，如何与风格迥异的同事进行有效沟通也是一个常见困惑等，这些因素都会导致陷入艰难的沟通里面去，那么本文将通过一些详细的方法和实际案例，帮助职场人更好地应对和化解艰难沟通，从而提高沟通效率，促进团队合作。

首先我们共同来看看怎么样更好地避免艰难沟通的策略，在这里想要提的第一大点就是提高沟通技巧，邀请大家思考一个问题，沟通是服务于什么的呢？

每一个人的答案可能都是不一样的，我想给到的答案是沟通是为目标服务的，所以沟通技巧非常重要的第一步就是要明确沟通目标；第二步使用简洁明了的语言；第三步倾听与反馈。那么接下来详细地为大家分解每一步的意思：

一、沟通技巧

（一）明确沟通目标：确立清晰目标，引领对话方向

在进行沟通之前，我们必须确立一个清晰的目标，这样才能确保对话的方向明确，避免产生误解和混乱。明确的沟通目标能够引导我们更加高效地传达信息，让对方快速理解我们的意图和

需求。通过确立清晰的目标，我们可以更好地把握对话的进程，推动沟通顺利进行。

（二）使用简洁明了的语言：使用简洁明了的语言，确保信息传达无误

在沟通过程中，使用简洁明了的语言至关重要。我们应该避免使用冗长、复杂的句子和过于专业的术语，而选择简单、直接的表达方式。这样的语言更容易被对方理解，能够确保信息准确无误地传达给对方。通过使用简洁明了的语言，我们可以提高沟通的效率，减少产生误解和困惑的可能性。

（三）倾听与反馈：倾听与反馈，促进双向交流

倾听是沟通中不可或缺的一环。我们需要用心倾听对方的观点和意见，理解他们的需求和期望。同时，给予积极的反馈，表达我们对对方话语的理解和认同。倾听与反馈的结合可以促进双向交流，让双方都能够充分表达自己的想法和意见。通过倾听与反馈，我们可以建立更加紧密的联系，增强彼此之间的信任和合作。

举个例子：我在这一次出书的过程中是负责出书的项目，这个时候我需要向创作团队成员传达一个出书项目需求。为了确保

沟通的有效性，我首先需要做的是明确沟通目标：让每个创作团队的成员都清楚地了解本次出书的目的、目标受众群体、开发流程和时间表。

随后，使用简洁明了的语言在会议上跟大家确认接下来的工作安排。尽量避免使用过于专业或者烦琐的术语。

在会议结束后，根据团队成员的提问和反馈，认真倾听每个团队成员的意见和建议，并根据反馈调整出书的计划和任务的分配。

通过明确沟通目标、使用简洁明了的语言以及倾听与反馈，确保了团队成员之间的有效合作和高效沟通。

二、确保信息准确传递

除了沟通技巧本身，我们还要去确保信息准确传递，那如何及时准确传递信息避免带来沟通的艰难呢？同样为大家分享三个方面：确认信息内容、选择合适的沟通渠道、及时反馈与澄清。

（一）确认信息内容

首先，要确认所要传递的信息内容是准确、完整且无误的。这意味着需要仔细审查信息，确保其包含所有必要的细节，并且没有遗漏或错误。在传递信息之前，进行充分的准备工作，如收集所有必要的数据、文件和背景信息，以便为接收者提供完整和准确的信息。

（二）选择合适的沟通渠道

选择合适的沟通渠道至关重要。不同的沟通渠道具有不同的特点和适用场景。例如，对于正式和重要的信息，可以选择电子邮件或书面报告；对于需要即时反馈的信息，可以选择电话、视频会议或即时通信工具。在选择沟通渠道时，要考虑信息的性质、接收者的偏好和可用性，以确保信息能够以最合适的方式传递给接收者。

（三）及时反馈与澄清

在信息传递过程中，接收者可能会对信息产生疑问或需要进一步的澄清。因此，建立一种反馈机制是至关重要的。接收者应该及时提供反馈，指出任何不清楚或误解的地方，以便发送者能够迅速做出解释和修正。此外，发送者也应该主动询问接收者是否对信息有任何疑问或需要进一步的说明，以确保信息能够准确被理解。

案例：某软件开发公司正在开发一款新的产品，为了确保项目的顺利进行，项目经理需要确保项目团队中的每个成员都明确自己的任务和责任。

案例描述：

确认信息内容：项目经理首先制订了详细的项目计划，包括每个阶段的目标、任务分配和完成时间。他邀请团队成员开会讨论，并对项目计划进行了详细解释，确保每个成员都明确自己的工作内容。在会议结束后，项目经理还通过电子邮件将项目计划发送给每个成员，以便他们随时查阅。

选择合适的沟通渠道：为了确保信息的及时传递，项目经理选择了多种沟通渠道。除了定期的会议，他还使用企业内部通信工具（如企业微信、钉钉等）进行日常沟通，以便团队成员随时交流和讨论。此外，项目经理还利用项目管理软件（如 Jira、Teambition 等）来跟踪任务进度，确保每个成员都能实时了解项目的最新情况。

及时反馈与澄清：在项目执行过程中，项目经理鼓励团队成员及时反馈问题和困难。每当有成员遇到难题或发现潜在风险时，他们会通过企业内部通信工具或项目管理软件向项目经理报告。项目经理在收到反馈后，会及时与相关人员沟通并寻找解决方案。同时，项目经理还会定期组织回顾会议，对项目进行总结，并澄清之前的沟通误区。

通过确认信息内容、选择合适的沟通渠道以及及时反馈与澄清，该软件开发公司成功确保了项目信息的准确传递。这不仅提高了项目团队的协作效率，还降低了沟通成本，为项目的成功实施奠定了坚实基础。

综上所述，确认信息内容、选择合适的沟通渠道、及时反馈与澄清是确保信息能够准确传递的关键步骤。通过遵循这些步骤，可以提高沟通效率，减少误解和错误，从而确保信息的准确性和有效性。

三、管理情绪，保持冷静

当我们带着情绪去进行沟通的话，你会发现在沟通的过程中都不会有较好的感受，没有好的感受就没有好的接受，所以说情绪管理是我们个人成长和职业发展中的重要一环，需要我们不断地进行实践和提升。为了更好地管理情绪并保持冷静，以下是具体的策略和方法：

（一）识别情绪触发点

识别情绪触发点是情绪管理的第一步。通过深入了解自己的情绪反应模式，我们可以更准确地找到触发点，从而有针对性地采取措施。要识别情绪触发点，我们可以：

• 观察自己在不同情境下的情绪反应，记录触发情绪的具体事件或行为。

• 分析这些触发点，思考它们背后的原因和动机，以便更好地理解自己的情绪。

• 与他人交流，了解他们对自己情绪反应的观察和感受，以获得更全面的视角。

（二）采用冷静应对策略

当情绪高涨时，我们需要学会采用冷静应对策略来平复情绪。以下是一些有效的方法：

• 深呼吸和冥想：通过深呼吸和冥想可以放松身心，缓解紧张和焦虑。

• 分散注意力：当情绪高涨时，尝试转移注意力，关注其他事物，如听音乐、散步等。

• 积极思维：培养积极思维，关注问题的解决方案而非问题本身，以更乐观的态度面对挑战。

（三）寻求情绪支持

　　寻求情绪支持是管理情绪的关键环节。与亲朋好友、同事或专业人士交流，分享自己的感受和情绪，可以获得理解和支持，帮助我们更好地应对情绪挑战。此外，加入相关的支持团体或社区，与志同道合的人共同面对情绪问题，互相鼓励和支持，也是很好的选择。

　　案例分析：

　　识别情绪触发点：李华是一名部门经理，经常需要处理各种突发状况和复杂的问题。在最近的一个项目中，他发现团队中的一名成员对任务分配表示不满，这引发了李华内心的焦虑和压力。为了管理好自己的情绪，李华首先尝试识别这次情绪触发点。他意识到，这种不满情绪可能是由于沟通不畅和期望不匹配造成的。通过识别这个触发点，李华能够更好地理解自己的情绪，并为后续的冷静应对做好准备。

　　采用冷静应对策略：在识别到情绪触发点后，李华决定采用冷静应对策略来处理这个问题。他首先安排了一个与团队成员一对一的沟通会议，确保双方都有足够的时间和空间来表达自己的观点和感受。在会议中，李华保持冷静和耐心，倾听团队成员的抱怨和不满，并通过积极倾听和提问来深入了解对方的期望和需求。通过冷静的应对方式，李华成功地缓解了紧张氛围，为解决问题奠定了基础。

寻求情绪支持： 在应对情绪的过程中，李华意识到自己的情绪管理需要他人的支持和帮助。因此，他主动寻求了来自同事和上级的情绪支持。他向同事分享了自己的困惑和压力，并请教了他们在类似情况下的应对策略。同时，他也向上级汇报了团队中存在的问题，并请求他们提供指导和支持。通过寻求情绪支持，李华不仅得到了实质性的帮助和建议，还感受到了来自他人的关心和理解，这有助于他更好地管理自己的情绪并保持冷静。

总之，通过识别情绪触发点、采用冷静应对策略以及寻求情绪支持，我们可以更好地管理情绪并保持冷静。这不仅有助于个人的心理健康和增强幸福感，还能提高工作效率和人际关系的质量。让我们持续努力，成为情绪的主人，创造更美好的人生。

四、尊重文化差异和个性

尊重文化差异和个性是全球化的主要趋势。同样在职场中，不同文化背景和个性差异也可能导致沟通艰难。由于文化差异和个性冲突，沟通双方可能会产生误解和摩擦，使沟通变得更加困难。

（一）尊重文化差异和个性

在全球化的今天，尊重和欣赏文化差异以及个体差异显得尤为重要。这不仅有助于建立和谐的社会环境，还能促进跨文化交流和合作。

（二）了解多元文化

增强文化意识：首先，我们需要意识到世界上存在多种文化，每种文化都有其独特的价值观、信仰和习俗。

学习与研究：通过读书、旅行、与不同文化背景的人交流等方式，增加对不同文化的了解。

文化敏感性：了解并尊重各种文化的敏感性，避免在不了解的情况下做出冒犯他人的行为。

（三）灵活适应不同沟通风格

识别沟通风格：在与他人交流时，尝试识别他们的沟通风格，如直接、间接、开放或保守等。

调整自己的沟通方式：根据对方的沟通风格，灵活调整自己的沟通方式，以确保信息能够准确、有效地传达。

建立信任：在跨文化沟通中，建立信任是非常重要的。这需要双方都能够坦诚、开放地交流，并努力理解对方的立场和观点。

（四）培养同理心

换位思考：尝试站在他人的角度思考问题，理解他们的感受和需求。

尊重观点：尊重他人的观点，即使自己不同意，也要避免误解和冲突。

促进理解与融合：通过同理心，我们可以更好地理解并融合不同的文化，促进社会的和谐与发展。

还记得去年7月份上课的时候有一位学员曾经在一个跨国公司的营销团队中，成员来自不同的国家和地区，文化背景各异。在项目初期，由于沟通风格和工作习惯的差异，团队成员之间出现了摩擦。为了改善这种情况，团队领导决定引入一个多元文化沟通培训课程。

通过培训，团队成员学习了如何观察和解读不同文化背景下的沟通方式，并学会了如何在保持自己沟通风格的同时，灵活适应他人的需求。在实际项目中，他们开始主动倾听和理解来自不同文化背景的同事的观点和意见，尝试站在对方的角度思考问题。

这种同理心的培养使得团队成员之间的关系得到了改善，合作也变得更加顺畅。

先理解，再被理解，这个案例表明，培养同理心并灵活适应不同沟通风格是尊重文化差异和个性的关键。通过不断提升自己的跨文化沟通能力，我们可以更好地与不同文化背景的同事合作，共同推动团队的成功。

总之，尊重文化差异和个性是建立包容、和谐工作环境的关键。通过了解多元文化、灵活适应不同沟通风格以及培养同理心，我们可以更好地与他人交流、合作，共同创造一个更加包容的团队的环境。

沟通是一种双向的过程，需要双方的努力和配合。尽管你可以采取上述措施来降低艰难沟通的风险，但对方的行为和态度也是影响沟通结果的重要因素。因此，保持开放和灵活的心态，以及持续努力提高自己的沟通技巧，是在职场中有效应对各种沟通挑战的关键。

社恐者的饭桌攻略，轻松应对社交挑战

姜智恒

在璀璨的灯光下，饭桌上的气氛如同一场无声的交响乐，旋律在每个人的谈笑间跳跃。社牛们如同指挥家，挥洒自如地引领着这场社交的盛宴。他们的话语，就像金色的音符，落在听众的心弦上，激起一阵阵愉悦的共鸣；他们的笑声，仿佛是胜利的号角，宣告着他们在这场无形的竞技场上的得分。

而我，一个社恐的旁观者，坐在角落里，手中熟练地摆弄着筷子和刀叉，却不知如何将它们转化为社交的武器。我的目光在寻找一个安全的港湾，却总是不可避免地与他人的目光相撞，那一刻，我的内心如同被针刺一般，感到一阵难以言说的尴尬和不安。

我羡慕地看着那些在社交场合游刃有余的人，他们似乎拥有一种天赋，能够轻松地与他人建立联系，用他们的幽默和智慧赢得他人的欣赏和信任。而我，却总是感觉自己像是一只被困在茧中的蝴蝶，渴望飞翔，却又害怕破茧而出的疼痛和未知。

每一次的社交尝试，都像是一次艰难的探险。我在心里排练了无数次的对话，在现实中却往往变得语无伦次。我试图寻找共同的话题，却总是在关键时刻失去了语言的组织能力。我渴望被理解，却又害怕过多的自我暴露会带来他人的评判和误解。

在这样的场合中，我常常感到自己被边缘化，成为那个在热闹的人群中默默无言的旁观者。我害怕成为注意的焦点，每当有人向我提问或邀请我发言时，我都会感到一种难以名状的恐慌。我不知道如何用言语来表达自己的思想，如何用微笑来掩饰内心的紧张。

社交恐惧，这个看似无形的障碍，却在我心中筑起了一道高墙。我渴望翻越它，却又害怕跌落。我在饭桌上的每一刻，都在与自己的恐惧做斗争，试图找到一种平衡，让自己既能保持舒适，又能融入这个充满挑战的社交世界。

社交场合，尤其是饭桌上，是人际交往的缩影。在这里，人与人之间的互动如同一场精心编排的戏剧，每个人都扮演着各自的角色。然而，对于社交恐惧者来说，这场戏剧却充满了未知和挑战。

首先，融入话题是社交恐惧者面临的第一个难题。在饭桌上，话题如同流水般不断变换，而他们却常常感到自己难以跟上节奏。他们听着别人轻松地谈论着工作、旅行，甚至是最新的电影和书籍，自己却找不到切入点。他们的内心充满了焦虑，担心自己的沉默会被视为冷漠或无趣，从而被边缘化。

其次，成为注意的焦点对于社交恐惧者来说无异于一场噩梦。他们害怕在众目睽睽之下发言，担心自己的每一个字、每一个动作都可能成为他人评判的焦点。即使是简单的自我介绍，也可能让他们感到极度不适。他们在心里排练了无数次，但当真正站在众人面前时，却往往语塞，无法流畅地表达。

再次，社交技巧的欠缺也是社交恐惧者在饭桌上的痛点之一。他们不知道如何与他人建立有效的沟通，如何在对话中找到共鸣。他们害怕自己的言辞会无意中冒犯他人，或者因为缺乏话题而使对话陷入尴尬的沉默。这种不确定性让他们在社交场合中感到无所适从。

最后，内心的焦虑是社交恐惧者无法忽视的痛点。他们担心自己的行为或言语会引来他人的负面评价，害怕成为别人背后议论的对象。这种担忧如同一块沉重的石头压在心头，让他们在社交场合中难以放松，甚至在简单的互动中也感到紧张和不安。

社交恐惧者在饭桌上的痛点远不止这些，每一次的社交尝试都可能成为他们心中的一次创伤。他们渴望能够像其他人一样自如地交流，渴望能够在人际交往中找到自己的位置。然而，社交恐惧如同一道难以逾越的鸿沟，让他们在追求社交成功的道路上步履维艰。

面对社交场合的挑战，尤其是饭桌上的困境，社交恐惧者并非无计可施。通过学习和实践，他们可以逐步提升自己的社交能力，减轻甚至克服内心的恐惧。以下是一些实用的策略和方法，旨在帮助社交恐惧者在类似场合中更好地应对和适应。

1. 学习倾听。在社交场合，倾听往往比说话更重要。通过倾听，社交恐惧者可以更好地理解他人，找到共同话题。此外，倾听还能让对方感受到被尊重和重视，从而建立起积极的人际关系。社交恐惧者可以通过练习专注力和同理心来提高倾听的技巧，例如，通过重复对方的观点来表明自己在听，并尝试从对方的角度思考问题。

2. 准备话题。提前准备一些通用的话题，可以帮助社交恐惧者在对话中找到切入点。这些话题可以是最近的新闻、流行文化、体育赛事、电影和音乐等。通过提前准备，他们可以在对话中更自信地发表意见，减少因找不到话题而产生的尴尬。

3. 深呼吸与放松。在感到紧张时，通过深呼吸来放松身心，减轻焦虑感。社交恐惧者可以尝试一些简单的呼吸练习，如腹式呼吸或4—7—8呼吸法，这些方法有助于缓解紧张情绪，使他们在社交场合中保持冷静。

4. 逐步曝光。从小规模的社交活动开始，逐步增加参与的人数和活动的复杂度，可以帮助社交恐惧者适应不同的社交场合。通过在低压力的环境中练习社交技巧，他们可以逐渐建立起自信，并在面对更大挑战时感到更加从容。

5. 寻求专业帮助。如果社交恐惧严重影响了日常生活，社交恐惧者可以寻求心理咨询师的帮助。专业的心理咨询师可以提供个性化的指导和支持，帮助他们识别和处理社交恐惧的根源，通过认知行为疗法等专业方法来改善社交能力。

通过这些策略和方法，社交恐惧者可以逐步克服在饭桌上的痛点，提升自己的社交技巧。这不仅能够帮助他们在社交场合中更加自如，还能够在职场和生活中获得更多的机会和资源。重要的是，社交恐惧者需要认识到，社交能力的提升是一个持续的过程，需要耐心和坚持。

在实际生活中，我们不难发现那些成功克服社交恐惧，甚至在社交场合中游刃有余的人。他们的故事不仅激励着其他社交恐惧者，也证明了通过努力和实践，每个人都能提升自己的社交能力。

以小李为例，他曾是一位深受社交恐惧困扰的年轻人。在公司的一次团建活动中，他通过提前准备和深呼吸放松，成功地与同事们展开了愉快的对话。小李在活动前做了大量的准备工作，他不仅关注了近期的热门话题，还针对同事们可能感兴趣的领域做了深入研究。他知道，要想在对话中找到共鸣，首先需要了解对方的兴趣和关注点。

在活动中，小李始终保持着微笑和开放的姿态。他积极倾听同事们的分享，不时地点头和回应，展现出他的参与和兴趣。当话题转向他熟悉的领域时，他也能自信地发表自己的见解，甚至用幽默的语言为谈话增添趣味。他的这种表现不仅赢得了同事们的好感，也让他在团队中的形象有了显著的提升。

更重要的是，小李在活动中始终保持着自我意识。他知道自己可能会感到紧张，因此在活动间隙，他会找机会进行深呼吸，或是暂时离开人群，给自己一点时间来调整情绪。这种自我调节的能力，让他在整场活动中都能保持镇定和从容。

通过这次经历，小李不仅增强了自己的社交技巧，也极大地提升了自信心。他开始意识到，社交恐惧并不是不可逾越的障碍，而是可以通过努力和练习来克服的挑战。这次成功的体验，为他日后的社交活动奠定了坚实的基础，也让他更加期待未来可能遇到的各种社交场合。

小李的故事告诉我们，社交恐惧并不是一种无法改变的性格特征，而是一种可以通过学习和实践来改善的技能。通过积极的心态、充分的准备和恰当的策略，每个人都能在社交场合中找到自己的位置，展现出自己的魅力。

社交恐惧，作为一种普遍存在的心理现象，影响着许多人的日常生活和人际交往。然而，通过上述分析，我们可以看到，每个人都有潜力克服这一难题，提升自己的社交能力。基于此，新励成开设了一门心理素质课程，帮助社恐人走出困境。

首先，社交能力并非与生俱来，而是可以通过后天的努力来提升的。社交恐惧者通过学习和实践，可以逐步改善自己在社交场合的表现。这不仅需要耐心和坚持，还需要勇气去面对自己的不足，去挑战自己的极限。在这个过程中，他们可能会遇到挫折和困难，但正是这些经历塑造了他们的成长和进步。

其次，社交恐惧者应该认识到，社交场合并不是生活的全部，而只是其中的一部分。他们无须过分焦虑于每一次的社交活动，而应该更加关注自己的内心世界和个人成长。通过培养自己的兴趣爱好、提升专业技能和拓宽知识视野，他们可以在社交之外的领域找到自信和满足感。

最后，我们应该鼓励社交恐惧者走出舒适区，拥抱每一个社交的机会。每一次的尝试都是一次学习和成长的机会，无论结果如何，都值得肯定和庆祝。在这个过程中，他们不仅能够享受到社交的乐趣，还能够在职场和生活中获得更多的机会和资源。

社交恐惧的克服和社交能力的提升，不仅仅是个人的胜利，也是社会的进步。当更多的人能够在社交场合中自如地表达自己，与他人建立真诚的联系时，我们的社会将变得更加和谐、开放和包容。让我们共同努力，为创造一个更加友好和支持的社交环境而不懈奋斗。

从牢骚到凝聚力，高效转化下属负能量

杨　希

在职场中，下属发牢骚是领导经常遇到的情况之一。但往往大部分人都不喜欢听下属或者别人发牢骚，认为在职场中应该以结果为导向，每一个成年人都应该有掌控好自己情绪的能力，而不应该让情绪垃圾影响到自己以及团队的状态、士气、能量。但我们会发现，恰恰相反，当一个人有牢骚、有情绪、有不满且没有被释放、被宣泄的情况下在职场中发牢骚是很难避免的，有时候下属并不需要你给他出主意，而只是想把自己的情绪、不满发泄出来。既然如此，如果能够分担他人的一些痛苦、牢骚，说不定也是一件好的事情，所以面对下属的不满和抱怨，作为领导应该怎样妥善处理才既能维护团队和谐，又能激发员工的工作积极性呢？本文将通过真实案例，探讨领导与下属沟通的艺术，帮助读者思考如何有效应对下属的牢骚，从而提升团队凝聚力和工作效率。

哈佛大学心理学教授梅约曾提出牢骚效应的理论。该理论认为，当个人或公司遇到问题时，通过允许和鼓励员工表达不满和牢骚，可以更好地识别和解决问题，从而提高工作效率和团队动力。牢骚效应强调，不应压制负面情绪和意见，而应提供一个安全的环境，让这些情绪和意见得以表达和讨论。

曾看到过一则报道，在日本松下，所有分厂里都设有吸烟室，里面摆放着一个极像松下幸之助先生本人的人体模型，工人可以在这里用竹竿随意抽打"他"，以发泄自己心中的不满。等他打够了，停手了，喇叭里会自动响起松下幸之助的声音，是他本人给工人写的诗，对其进行鼓励和赞美。

当然，这还不够，松下说："厂主自己还得努力工作，要使每个职工感觉到：我们的厂主工作真辛苦，我们理应帮助他！"正是通过这种方式，松下的员工自始至终都能保持高度的工作热情。

我记得2023年，同样在我们公司有发起过一个活动——员工吐槽的活动，所有的员工以匿名的方式将对公司的牢骚以及情绪发泄在内部吐槽平台上，之后，领导们专门组织了一天的时间接纳我们不同的吐槽以及牢骚，并一一做了正面的反馈，鼓励员工传递正向积极的能量。

所以，最后，我们会发现世上的事，往往堵不如疏。借鉴这些成功的案例，我们可以了解，面对员工的牢骚和不满，最好的方式是沟通和疏导。

那么，当我们面对员工的牢骚以及不满时，应该怎么去做呢？跟大家分享一些技巧，助力更好地沟通并营造卓越的团队氛围。

一、倾听与理解，化解员工不满

我有一位学员张成（化名），是一家传媒公司的部门经理，他的团队中有一位员工李丽（化名），因为工作压力大，经常找到张成发牢骚以及不停地抱怨。

我们思考下如果你是张成，面对爱发牢骚和抱怨的下属，你会怎么做呢？

我们来看看张成是怎么做的，张成并没有因此责备李丽，而是主动找李丽谈话。他耐心倾听李丽的抱怨，试图理解李丽的感受，然后给予关心和支持。通过沟通，张成了解到李丽的困扰主要在于工作压力过大，于是调整了工作安排，帮助李丽减轻负担。最终，李丽的工作态度有了明显好转，团队的凝聚力也得到了提升。

所以很多时候员工的牢骚以及抱怨并不一定是真的不满而是自己的努力没有被看见。所有负面情绪的背后都有一个正向的动机。

二、积极回应，解决员工实际问题

王主管是一家制造企业的生产主管，他的团队中有一位老员工老王，因为对工资待遇不满而经常发牢骚。王主管并没有忽视老王的抱怨，而是积极回应，与老王进行深入的沟通。他了解到老王认为自己的付出与回报不成正比，于是向公司申请了加薪。经过协商，公司为老王提供了一定的加薪幅度，同时王主管也鼓励老王通过提升技能来进一步提高自己的价值。这样，老王的不满得到了解决，团队的士气也得到了提升。

三、明确立场，引导员工正面思考

赵总监是一家广告公司的创意总监，他的团队中有一位年轻设计师小张，因为对项目进度不满意而经常发牢骚。赵总监并没有因为小张的抱怨而动摇自己的立场，他明确告诉小张，公司的项目进度是根据客户需求和市场变化来调整的，不能随意更改。同时，他鼓励小张从积极的角度去看待问题，提出解决方案。在赵总监的引导下，小张逐渐调整了自己的心态，开始主动寻找解决问题的办法，团队的协作效率也得到了提高。

面对下属不断地发牢骚我应该怎么做，综上案例所述，面对牢骚以及抱怨，我们要做到三点：倾听与理解、积极回应、明确立场。

那么同样，我们来看看作为领导，面对下属的牢骚的时候具体应该怎么去进行沟通，接下来跟大家分享一些沟通的策略。

（一）保持冷静与耐心

当下属发牢骚时，领导首先要保持冷静，不要被情绪左右。保持冷静与耐心是至关重要的。这不仅能够帮助我们更好地应对困难与挑战，还可以提升我们的情绪管理和人际交往能力。那么，如何有效地保持冷静与耐心呢？

1. 我们可以尝试通过深呼吸和冥想等放松技巧来平复情绪。当我们感到紧张或焦虑时，深呼吸可以帮助我们放松身心，减轻压力。同时，定期的冥想练习也可以增强我们的内心平静和专注力。

2. 我们可以尝试通过转移自己的意识焦点，我们很多时候之所以会很不耐烦是因为大部分时间我们的意识焦点是放在对方不好的事情身上的。比如：他怎么又开始抱怨了，他怎么又在发牢骚了，等等。如果此刻你的焦点是在这里，那么我们大部分时间会更加的不耐烦、更加的烦躁，就好比在演讲或公开表达时，演讲者需要将自己的意识焦点集中在所要传达的信息上，以便更好地组织语言、表达思想并吸引听众的注意力。通过控制自己的意识焦点，演讲者、表达者能够更自信、流畅地表达，并与对方建立有效沟通。

所以此刻我们可以将意识焦点从对方身上的缺点转移到对方身上的优点，我们也可以说是从"审丑"到"审美"的意识焦点的转变，当然这里的丑与美并非传统意义上的丑与美，而是让人们的意识焦点从不好的先转移到好的地方，从而让自己以相对更加稳定、冷静、平和的情绪跟对方去进行沟通。

（二）倾听与理解

倾听是基本功，是沟通的基础。领导需要认真倾听下属的牢骚，试图理解他们的感受和困扰。通过倾听，领导可以更好地了解员工的需求和期望，为后续的沟通打下基础。所以说倾听是一种重要的沟通技巧，它涉及仔细听取他人的意见、想法和感受，并理解其背后的含义和需求。倾听不仅是听到对方的话语，更是对对方情感、态度和需求的全面理解和把握，倾听的重要性体现在多个方面。所以接下来我们来看一下，面对下属牢骚、抱怨的时候，如何真正做到倾听与理解：

1. 保持专注：当你与他人交流时，确保你的注意力完全集中在对方身上。避免分心，如查看手机或思考其他事情。

2.开放性问题：提出开放性问题可以鼓励对方更多地分享他们的想法和感受。这样的问题通常以"如何""为什么"或"你觉得"开头。

3.积极反馈：通过点头、微笑或简短的肯定词（如"嗯""是的"或"我明白"）来表示你正在理解并关注对方。

4.不要打断：让对方完成他们的想法，即使你可能不同意或急于表达你的观点。

5.总结并确认：在对方说完后，用你自己的话总结一下他们的观点，以确保你正确理解了他们的意思。

举个例子：

假设你在工作中与一位同事进行沟通，对方似乎对最近刚刚结束的项目感到失落与挫败的时候。

错误的倾听方式：

同事："老大，我真的觉得这个项目没希望了，我不知道我们能不能按时完成。"

你："哦，别太消极了。我们还有时间，我们可以做到的。"

这种回应并没有真正倾听同事的感受，也没有试图理解他们的立场。

正确的倾听方式：

同事："老大，我真的觉得这个项目没希望了，我不知道我们能不能按时完成。"

你："听起来你对这个项目感到很失落，你觉得压力很大，担心我们无法按时完成。"（总结并确认）

同事："是的，就是这样。我觉得我们一直在努力，但似乎没有任何进展。"

你："这听起来真的很困难。你认为什么方法可以帮助我们改善这种情况？"（提出开放性问题）

通过这种方式，你不仅表达了对同事感受的理解，还鼓励他们继续分享他们的想法和可能的解决方案。这种倾听方式有助于建立信任，并促进有效沟通。

（三）积极回应与解决

对于下属的合理诉求和实际问题，领导要给予积极回应，并设法解决。这不仅可以缓解员工的不满情绪，还能提高员工的归属感和忠诚度。

接下来我将提供一个案例来说明这些技巧的应用。

假设你是一位项目的总负责人，你的团队正在为一个重要项目进行工作。在项目执行过程中，你发现一位团队成员（我们称他为老李）的工作进度明显滞后，而且他在团队会议上发起了牢骚，表现得十分消极。

在这种情况下，你可以运用积极回应与解决的技巧来处理这个问题。以下是你可能采取的一些步骤：

1. 主动沟通：首先，你需要与老李进行一对一的沟通。在沟通时，保持冷静和尊重，避免指责或批评。你可以表达你的担忧，并询问他是否遇到了什么问题或困难。

2. 倾听和理解：让老李充分表达他的想法和感受。认真倾听他的回答，试图理解他的困境。这可能需要你具备一定的同理心，以便更好地站在他的角度思考问题。

3. 提供支持：在了解了老李的问题后，你可以尝试提供一些具体的帮助和支持。这可能包括资源、时间或人员等方面的支持。同时，也要鼓励他保持积极的心态，相信问题可以得到解决。

4. 制定解决方案：与老李一起讨论可能的解决方案，并确定一个具体的行动计划。确保这个计划是可行的，并且得到了老李的认可。同时，也要明确责任和时间节点，以便跟踪进度。

5. 持续跟进：在实施方案的过程中，你需要持续关注老李的进展情况，并及时提供必要的支持和帮助。如果出现问题或困难，你可以再次与他沟通，并共同寻找解决方案。

通过以上步骤，你可以运用积极回应与解决的技巧来处理老李的问题。这不仅有助于改善他的工作表现，还能增强团队的凝聚力和协作能力。同时，这也展示了你作为项目总负责人的领导力和管理能力。

（四）明确立场与引导

在沟通过程中，领导要明确自己的立场和观点，不要被下属的情绪所左右。同时，要引导下属从积极的角度去看待问题、提高处理问题的能力，提出解决方案。这样可以帮助下属调整心态，提高团队协作能力。

明确立场的技巧：

1.清晰表达：确保自己的立场和观点明确，避免使用模糊或含混不清的表达方式。例如，在团队讨论中，你可以说："我认为我们应该优先考虑这个项目，因为它对我们的长期目标至关重要。"

2.理由支持：为自己的立场提供充分的理由和证据，以增加说服力。例如，在向对方表达建议时，你可以提供具体的数据和案例分析来支持自己的观点。

3.尊重他人：在表达自己的立场时，尊重他人的观点和意见。即使你不同意对方的看法，也要保持礼貌和尊重。

引导的技巧：

1.倾听与理解：试图倾听并理解对方的观点、意见、需求等，确保自己理解对方的立场和需求。这有助于建立信任和共识。

2.提供建议：在了解对方的需求后，提供具体的建议或解决方案。确保你的建议具有可行性和针对性，能够帮助对方解决问题或实现目标。

3.引导对话：通过提问和引导性的话语，引导对话的方向和深入。例如，你可以问："你觉得这个问题的根源是什么？"或"你有没有考虑过其他解决方案？"

通过以上策略，你可以明确自己的立场，并引导团队成员达成共识和协作，共同推动项目的成功完成。

（五）鼓励与激励

在面对下属牢骚时，领导要通过鼓励和激励来提升员工的工作积极性和自信心。给予员工正面的反馈和认可，让他们感受到自己的价值和重要性。

鼓励下属的技巧：

1.给予肯定：除了上文常提到的倾听与理解、积极回应，在倾听过程中，找到下属牢骚中的积极方面，并给予肯定。同样可以增强下属的自信心，激发他们的积极性。

2.设定明确目标：与下属共同设定明确、可衡量的目标，同时为下属提供所需的资源和支持，帮助他们攻克难关。这可以让下属感到被关心和支持，增强他们的归属感。这有助于激发下属的动力，使他们更有方向感。

3.鼓励创新：鼓励下属提出新的想法和解决方案，激发他们的创新思维。这有助于培养下属的创造力和主动性。

四、结语

处理下属的牢骚是领导工作中不可避免的一部分。面对下属的牢骚和不满，作为领导者，我们应该以冷静、理性和包容的心态去应对。多倾听、理解、回应、引导和激励，并及时有效地进行沟通，化解员工的不满情绪，同时采取深入了解下属的需求和期望、建立有效的反馈机制以及关注个人成长和发展等措施，我们不仅能够化解矛盾、促进团队的和谐稳定，还能够激发下属的积极性和创造力，共同推动团队的持续发展和进步。

向上沟通四大秘诀，让你的努力被看见

何济斌

不会向上沟通，你的付出等于零！

彼得·德鲁克曾经说过这样一句话："任何能影响自己绩效表现的人，都值得被管理。"领导对我们的绩效表现的影响极大，可是很多人都无法很好地向上沟通，这让许多人的努力付诸东流。学会向上沟通，让你的努力被看见，不再当小透明！

我详细收集了过往关于向上沟通中会遇到的困扰，比较常见的有以下几类：

陈琛在公司工作 6 年了，平时工作勤勤恳恳，认真负责，努力奋进，技术水平一流，公司里面遇到任何技术故障，其他技术人员解决不了，只要喊他准能搞定，被公司同事们称为"技术一哥"。他这人比较内向，不善言辞，能自己动手解决的绝不麻烦别人，认为只要这样做好自己手里的活就好了，领导每次喊吃饭，基本能推掉的，都推掉了！平时也不找领导说话，因为自己手头的活都自己能搞定。就这样，陈琛虽然在工作中的表现特别突出，但是始终都没有受到领导的赏识！

与此同时，有个同事张力虽然技术水平没有突出的地方，只是普通正常的水平，但他非常喜欢和领导交流，经常会找机会去给领导汇报自己的工作，一天一小汇报，一周一大汇报，每个月还没有到交总结和汇报的时间点，就早早给领导去分享，让领导趁着大家伙儿还没有上交前有精力给自己好好提点一下。

后面领导接到通知自己要升迁当厂长，当他升当厂长后，要提拔一人当技术部门的部长，陈琛心想自己是厂里所有人里面技术最好的，技术部长肯定非自己莫属，结果当任命通知书出现的时候，他当场傻了眼，部长是张力，不是他！

一个人业务能力再强，不懂得向上沟通，很难实现岗位的跃迁，薪资的翻倍。

经常有人问我：老师，为什么我特别拼命努力地工作，不但完成了自己的工作，还帮同事完成工作，可自己的薪资还是上不去？为什么我比同事表现得更加出色，但上司最欣赏的却不是我？为什么我在领导面前毕恭毕敬，凡事言听计从，领导对我的态度还是不温不火？

确实不得不告诉你的真相是，在工作中，不是努力付出了就会有相应的回报！方法不对，努力白费。在职场中，人人都必须学会向上沟通，向上沟通不是一种形式，向上沟通本身便是工作

好好说话

的一部分，向上沟通是你的职责所在！向上沟通是你迈向成功的金钥匙！

关于向上沟通，常见的问题可分为以下几类：

第一类：对领导身份有恐惧

"我不知道现在打电话过去是不是合适，万一领导刚好在忙不太好，我找个适合的时间再打吧。"只要一想到要给领导沟通，提前一两天心里面就开始发慌，要打电话的那一刻，肾上腺素飙升，心跳提到 180。本来想了 10 分钟的内容，结果一紧张一害怕，1 分钟时间草草结束了话题，留下自己在风中凌乱，回头一想自己当时怎么这么不争气！越想越觉得自己不会跟领导沟通，越发对领导产生恐惧，觉得领导对于自己肯定评价超级低，以后遇到领导能躲就躲，像老鼠看到了猫一样。等电梯看到领导，猫到一边，等领导上去后，自己坐下一班电梯上楼。

第二类：对内容部分有担忧

"最近家里面遇到了一些困扰，心里挺惆怅，影响到自己工作效率了，是不是可以跟领导说一说？""项目的时间会推迟，已经跟领导说过一遍，现在又要推迟了，要不要再跟领导说啊？""我在工作中遇到了问题，但公司是让我们来解决问题的，不是给领导制造问题的，到底要不要跟领导说呢？"特别头疼哪些内容可以跟领导说，哪些内容不能跟领导说，时刻担心自己的沟通内容是不是合理，在工作中非常痛苦，头发掉得比体重快！

第三类：对领导意图有困扰

"领导告诉我这次的年终汇报形式跟过往一样，到底跟过往的哪些部分一样呢？""领导明明一开始是让我全权负责这个项目，现在又把小李安排进来，他到底是什么意思？是觉得我的办事能力不行吗？""之前领导什么事都找我，现在怎么什么事都不找我了，是我被抛弃了？"整天在公司里面如履薄冰，领导心思怎么猜都猜不透！

第四类：对领导决策有异议

"上级给到我的指标绝对不可能完成，我怎么样能够更好地降低领导的预期呢？""领导对我们一线的业务不熟悉，还老是喜欢拍板做决策，苦不堪言，怎么样能委婉地影响他？"领导的身份在那儿，领导又有决策权，我这个身份提反对意见合适吗？

由于职场问题确实太多了，就罗列以上四个比较典型的问题，我们来看一看，看完你会发现一些底层逻辑其实是一样的！

第一类：对领导身份有恐惧

看到领导就紧张，领导跟自己说话立马大脑一片空白，近距离接触就心跳加速，要跟领导汇报前两三天就睡不着觉的这种，如果不克服真的大大影响我们被看见的可能性，你只会让领导觉得你这个人成不了大事。看到这里，如果你有以上的情况发生，一定在这里就要下定决心，必须让自己改变，突破自己对于领导的恐惧。

等你下定决心一定要突破了，再看下面的内容，如果还没有下定决心，先放下书来，给自己几分钟时间好好思考一下为什么一定要改变，想清楚后再继续！

方法如下：

魔法变变变

如果你的想象力足够，请现在闭上眼睛，将你平时害怕的领导在你的脑海中刻画清晰，越逼真越好，他的眼神是什么样的？面部表情是什么样的？穿着什么样的衣服……当你非常清晰明了以后，在心里默念"魔法变变变"，把你的领导想象成特别滑稽的样子，可能你觉得兔子比较滑稽，你可以把他想象成兔子；或许你觉得小丑比较滑稽，你可以把他想象成小丑！这样瞬间你对领导的恐惧感就会淡化，转而变为对领导有些喜欢。

我有个学员丹丹，她的性格比较温柔，特别缺乏力量感，很多时候不敢拒绝其他人对她提的要求，在面对领导的时候更是手足无措，每次在路上遇到领导，她都把头深深地埋进胸口，脸更是红得跟苹果一样，特别害怕领导会看到她，她心里其实想跟领导走近一些，但是恐惧让她始终无法向领导走近一步，后面她学会了"魔法变变变"，跟我反馈那天遇到领导的时候，她居然破天荒朝着领导笑，领导看到她笑很诧异地说："丹丹，你今天不一样，什么事情这么好笑？"丹丹回道："领导，看到你我就很开心。"其实领导不知道的是丹丹在心里把他想象成了猪头。自此以后，丹丹越来越喜欢靠近领导，经常跟领导说话，在那一年领导更是把年终主持的机会给到了丹丹，一年以后丹丹顺利晋升部长。

第二类：对内容部分有担忧

关于领导喜欢什么样的内容，什么内容该聊什么内容不该聊，由于每个领导过往的经历不同、性格不同、价值观不同，无法给到大家一个统一标准化的答案，但是可以给到大家一个工具，帮助大家更懂你的领导，更能读懂哪些内容更符合他的口味，这个工具便是"DISC性格"，它主要有四种性格模型：

1. D支配型　目标明确，追求效率。当你遇到这种类型的领导，在沟通的过程中一些事情不用说得太过于细枝末节。我有个学员小颖，每次跟领导汇报工作的时候，都说得极详细：领导，我现在在做A项目，我大概已经做了有一个星期的时间，在这一星期里面，我做了……说的那是相当的细致，她跟我说她明明那么用心努力汇报，为什么领导就是不那么喜欢她，领导是不是故意针对她！我听完告诉她这个理论以后，她恍然大悟，叹息道：真的是方法不对，努力白费。所以我们在跟这种类型的领导沟通的时候，只要说得言简意赅，直奔主题就好！比如：领导，目前A项目我完成了80%，遇到某某卡点，我的方案是……或者……，您看哪个方案比较合适？这样领导心里面肯定会感慨：这人可以！

2. I影响型　乐观开朗，感觉至上。当你遇到这种类型的领导，在沟通的时候可以稍微偏感性一点，他是感受型的，主打一个给到他好的感受，内容方面不一定非得特别的务实，主打一个开心快乐就好，领导长时间没有找你聊天，说明你没有给他提供很好的情绪价值！内容不是重点，重点在于你要表现出对他很喜欢的感觉，以及要对他感兴趣，做到这两点，他对你绝对认可！

3. S稳健型　喜好和平，岁月静好。当你遇到这种类型的领导，在沟通的时候，如果你想脱颖而出，只要学会多做决定，表达自己的观点，你就可以拿到相应的结果。通常这种性格的领导，他的主见性不强，不太喜欢自己拿主意，只要你能给到足够的安全感，你便是那个一人之下，万人之上的人！当然也是需要给到他尊重的，如果你给到他的压迫感太强的话，他会有回避的倾向，一定要给到他安全感，同时能有很正的主意，那你就完美了！

4. C谨慎型　讲究条理，追求品质。当你遇到这种类型的领导，在沟通的时候，能有多具体就有多具体。我在刚做咨询那会儿有个领导，我每次给他做汇报，即使是只有3分钟的汇报，也必须出一份文字性的报告给他，他有个特异功能，拿到报告一看，哪边标点符号错了，哪边页眉和页脚没有对齐一眼就能看出来！在沟通的时候，一定要按着规章制度来走，不然你领导便是那个大义灭亲的人，甭管你跟他多近，只要违反规章制度，一切免谈！

你把DISC吃透了，就再也不用担心内容方面的问题了！

第三类：对领导意图有困扰

我们在跟领导沟通的时候，要能够读懂领导的意图，读懂领导的需求，只要读不懂对方的需求，你就像海上的船失去了罗盘一样，失去了方向，将会特别迷茫和无助！

不得不告诉你一个事实，沟通意图的领会，由于每个人都有一套自己的认知体系，所以对于同一个概念的理解都会不同。不可能做到完全没有偏差！我们在沟通的时候，看上去是两个人在沟通，实际上是四个人在沟通：你想表达的、你实际表达的、对方听到的以及对方理解的。

所以跟领导沟通的时候，我们需要做到的是如何降低沟通过程中所带来的误差。

1. 使用沟通三层次工具

沟通总共分成三个部分：事实、情绪、目标。在你接受领导的信息的过程中，你要学会去判断信息分别属于哪一部分。

比如，领导说你怎么老是迟到？这里面的事实维度：你迟到了。情绪维度：生气。目标维度：按时到岗！当你清晰老板的目标维度是要你早点到岗，你也就不会钻到跟老板对抗里面去了，有的员工在听到这句话的时候，直接怼了回去：我哪有老是迟到，我只是前天和今天迟到了，只不过刚好被你碰上了，我其他时候都没有迟到啊！这时你的沟通就没有对上领导的意图。当我们清楚老板的三个维度信息，我们的沟通就会变成：领导，确实最近迟到是我不对，看我表现，明天开始绝不迟到！

2.学会主动沟通

当我们在与领导相处的过程中，我们遇到一些不解的地方，一定要学会主动大胆地去询问领导具体的原因是什么。比如"领导明明一开始是让我全权负责这个项目，现在又把小李安排进来，他到底是什么意思？是觉得我的办事能力不行吗？"这时候不要怀疑自己的办事能力不行，让自己陷入无尽的内耗中，事情解决不了，自己精力也不好，领导更看不上你了！关键时刻，你只需要主动沟通一下就好：领导，对于项目目前我存在一些盲区，您可以给我一些指导性的建议吗？你要充分清晰自己要的是什么，不管领导是否怀疑你的办事能力，我们的首要目标是保证项目的推进，同时了解领导到底要的是什么样的结果！记住在沟通的时候以终为始，不要被自己的情绪所带走。

第四类：对领导决策有异议

对于这个问题，其实我们所希望的是通过沟通，让领导能够稍微修改一下决策！要想达到这一点，以上我们说到的"DISC性格"和沟通三层次工具等我们都需要使用，在这个基础上我们还可以用到的方式：

1.换场合

① 场合降级

一天在会上你的领导突然说道，从12月初开始，我们将进入决战时刻，公司今年能不能达标，年终奖能不能翻倍，全在这个月了，所有人不许休息！这时候你心想：怎么办？我这刚定下来12月15日要回家订婚，如果在会上说直接就打破了领导的场域，会对政策的推行起到破坏性的作用，并且大概率也不一定会允许我请假，会让我自己协调！所以我们需要的是在会后跟领导一对一沟通，这时候领导相对会上来说就比较好沟通一些。

②场合升级

市场部、销售部和你们人事部共同负责A项目，一天你走在路上，领导直接走过来说："你这A项目怎么回事，已经延期了半个月了，现在马上跟我说说情况！"遇到这种情况，我们需要进行场合升级，你可以这样回应："领导，刚好遇到您，确实我们也特别想跟您碰一下，一会儿我跟市场部总监和销售部总监一块来找您详细地说一下项目里的卡点是什么！"

2. SWOT

SWOT分析工具：S优势，W劣势，O机会，T威胁。假如领导跟我们说：这个月你们部门要额外再加一个项目，可是你发现这个项目真的加不了！这时候我们要如何去影响领导呢？我们可以从领导的方案去给到领导SWOT四个维度的分析，比如：领导，您给我们这个月加项目说明是对我们部门的认可，特别感谢领导的青睐（S），我发现这个项目如果加进来，员工的负荷将过载容易产生比较多的负面情绪，影响工作状态（W），长此以往的话，势必会影响到我们产品的品质，从而影响到我们的品牌形象（T），当然我发现其实有个项目它的周期相对来说比较长，可以暂缓一下那个项目，来做优先这个项目！（O）

学会以上四个技巧，让我们在向上沟通中轻松收获资源。

跨部门沟通五大决策，提升协作效率

方谦宁

"在一个高效的组织中，成功的秘诀往往不在于单个部门的独立运作，而在于各个部门之间如同精密齿轮般相互咬合，通过顺畅的沟通与协作，驱动整个机构稳健前行。"这句话犹如一座灯塔，照亮了现代企业管理的核心地带，揭示了跨部门沟通在企业运作中的基石作用。它提醒我们，任何企业的成功并非依赖于某一部门的孤立英雄主义，而是各个部门如同交响乐团中各具特色的乐器，通过精准协调与默契配合，奏出和谐且富有力量的商业乐章。跨部门沟通，正是那根无形的指挥棒，引领着各部分力量向着同一个目标，以最优节奏，最高效能，共谱企业成长的华美旋律。

当前，跨部门沟通困境已成为许多企业普遍存在的问题，阻碍了其向更高层次发展的步伐。这些困境犹如一道道无形的壁垒，悄然割裂了企业内部的凝聚力与执行力，具体表现在以下几个方面：

1. 信息传递不畅与失真

信息在部门间的流转仿佛陷入迷宫，时常出现滞后、遗漏甚至变形的现象。一方面，由于缺乏有效的信息共享平台与机制，关键信息往往被局限在部门内部，形成信息孤岛。例如，销售部门可能掌握着大量的客户反馈与市场趋势，但这些宝贵信息并未及时、准确地传达给产品部门，导致产品更新无法精准对接市场需求。另一方面，信息在传递过程中，由于解读偏差、传递层级过多等，可能出现失真。比如，当一项决策从高层向下传达时，经过层层转述，原本清晰的目标可能变得模糊，执行细节也可能被误读，导致最终执行结果偏离初衷。

2. 目标定位分歧与各自为政

各部门可能基于自身视角对企业的整体战略目标产生不同的理解与期待，导致在执行过程中各行其是，难以形成合力。这种目标定位的分歧，如同一盘散沙，即使每个部门都在奋力奔跑，也无法汇聚成推动企业前进的强大力量。例如，研发部门可能专注于技术创新，追求产品的极致性能，而市场部门则更关注市场需求与竞争态势，希望产品具备更高的性价比。如果两部门对战略目标的理解存在偏差，可能会导致产品定位摇摆不定，市场反响平平。

3. 责任推诿与问题拖延

在跨部门协作中，面对复杂问题或责任归属不清的情况，常会出现责任推诿的现象。各部门出于自我保护心理，倾向于将问题归咎于其他部门，而非主动寻求解决方案。这种"踢皮球"式的处理方式，使得问题长期悬而未决，严重拖慢企业响应速度，影响客户满意度与市场竞争力。例如，当供应链出现问题导致交货延期时，采购部门可能指责生产部门需求预测不准，生产部门则认为是供应商供货不及时，而供应链管理部门又抱怨采购与生产部门未能及时反馈问题。如此循环往复，问题始终得不到有效解决。

4. 决策周期冗长且质量不高

由于跨部门沟通不畅，决策过程往往伴随着冗长的协商、讨论甚至争执，大大延长了决策周期。同时，由于缺乏及时、全面的信息输入以及深入的跨部门共识，决策质量往往不尽如人意，可能导致企业错失市场机遇，甚至作出与战略目标相悖的决策。例如，当面临是否进入新市场的决策时，如果没有充分的跨部门讨论与信息共享，可能会导致决策过于保守或冒进，错过最佳时机，或者投入大量资源却收效甚微。

面对跨部门沟通的重重困境，企业需要从理念、机制、流程、技能与激励五个维度入手，全方位提升跨部门沟通效能。

一、建立共享价值观与目标

企业应首先确立清晰、可度量、具有挑战性的整体战略目标，并通过全员大会、内部培训、企业内刊等多种渠道，确保所有部门对这一目标有深入理解与高度认同。同时，倡导共享价值观，强调团队协作的重要性，塑造"一荣俱荣，一损俱损"的企业文化氛围，促使各部门超越部门利益，着眼于全局，形成合力，朝着同一方向奋力前行。

二、构建开放透明的沟通机制

定期举办跨部门联席会议，确保重要信息与进展得以及时分享，消除信息壁垒。会议应设置固定的议程，涵盖战略部署、业务进展、问题研讨等多个环节，鼓励各部门积极参与，充分表达观点。同时，引入现代化沟通工具，如企业社交平台（如 Slack、钉钉）、项目管理软件（如 Trello、Jira）、知识管理系统（如 Confluence、Notion）等，实现信息的即时、精准传递，打破部门间的物理与心理隔阂。例如，企业可以设置专门的跨部门项目群组，让涉及项目的各部门成员都能实时查看项目状态、讨论问题、分享文档，大幅提升协作效率。此外，鼓励员工利用这些工具进行非正式交流，增进跨部门人际关系，进一步提升沟通效果。

三、优化跨部门流程管理

系统梳理业务流程，运用精益管理、六西格玛等方法，识别并消除流程中的浪费与冗余，明确各个环节的责任归属，通过简化流程、减少交接环节，降低沟通成本。例如，可以采用流程图或泳道图的形式，清晰展现各部门在某一业务流程中的角色与职责，避免责任模糊。同时，推行流程标准化，确保各部门对流程的理解与执行一致，避免因理解差异引发的沟通障碍。企业还可以设立流程优化小组，定期对现有流程进行评估与改进，不断提升流程效率。

四、提升沟通技巧与团队协作能力

开展针对员工的沟通技能培训，包括有效倾听、清晰表达、建设性反馈、冲突解决等，帮助员工提升沟通效率，降低误解与冲突。例如，企业可以邀请专业讲师开设线下沟通课，通过实战演练、角色扮演等方式，让员工亲身体验有效的沟通策略。同时，通过团队建设活动、户外拓展、内部分享会等方式，培养员工的团队协作意识，增强其在跨部门合作中的适应力与协作能力。例如，组织跨部门团队参加公益项目或企业竞赛，让员工在非工作场景下共同解决问题，增进互信与默契。

五、制定跨部门激励机制

设计包含跨部门协作成果的绩效评估体系，将部门间的合作效果纳入个人与部门的绩效考核，通过正向激励（如奖励、晋升、公开表彰等）鼓励各部门主动寻求协作，共同完成企业目标。例如，企业可以设立"最佳跨部门协作奖"，每年评选出在跨部门合作中表现突出的团队或个人，给予丰厚奖励。同时，对于推诿责任、破坏协作的行为，要予以相应的负面评价与处罚，形成奖惩分明的制度环境。例如，对于故意隐瞒信息、拖延问题解决的行为，可以在绩效考核中扣除相应分数，严重者甚至可以考虑调整岗位或解雇。

那么，如何将这些理论方法有效地转化为解决跨部门沟通问题的具体行动方案呢？接下来，我们将通过深入剖析两个有代表性的企业案例，揭示它们该如何切实应对跨部门沟通的痛点，以及这些举措应如何助力企业实现整体运营效能的显著提升。

案例一：科技公司 X 的跨部门协作改革

科技公司 X 是一家专注于智能硬件研发与销售的创新型公司。近年来，随着市场竞争加剧，公司高层意识到，要想保持领先地位，必须强化研发与市场部门之间的协作，快速响应市场需求，推出更具竞争力的产品。为此，公司启动了一项跨部门协作改革计划。

首先，公司明确了"以用户为中心，快速响应市场需求"的战略目标，并通过全员大会、内部培训、企业内刊等形式，进行了广泛宣传与深入解读，确保全体员工对此目标有深刻理解并高度认同。各部门都认识到，无论是技术研发还是市场推广，都要紧密围绕用户需求展开，形成"一切为了用户"的共识。

接下来，公司建立起定期的跨部门联席会议制度。每月第一周的周一，研发部与市场部的负责人会共同出席联席会议，分享各自部门的关键信息与最新进展，如市场动态、用户反馈、产品研发进度等。会议设有固定议程，包括市场分析、产品规划、问题研讨等环节，确保全面、深入地交流。此外，公司还鼓励各部门员工在日常工作中主动沟通，通过企业社交平台分享工作进展、提出问题，打破部门间的沟通壁垒。

为提升跨部门协作效率，公司引入了敏捷开发模式。成立了由研发、市场、设计等部门代表组成的跨部门项目团队，负责新产品的研发工作。市场人员深度参与产品研发过程，通过用户调研、竞品分析等方式，为产品设计提供市场导向。研发团队则定期向市场团队汇报进度，接受反馈，确保产品与市场需求高度契合。此外，公司还设立了联合评审机制，每季度对产品进行多角度评估，确保各方意见得到充分表达与尊重。评审结果将直接反馈到产品改进中，确保产品持续优化，满足用户需求。

通过这一系列举措，X公司极大地提升了研发与市场部门的沟通效率。产品迭代速度明显加快，从以往的每年一次升级，提升到每季度一次小版本更新，每半年一次大版本更新。市场反应也更加灵敏，新产品上市后，用户反馈普遍良好，市场份额稳步提升。企业竞争力显著增强，连续两年被评为行业最具创新力企业。

案例二：制造业巨头Y的数字化转型之路

制造业巨头Y是一家全球领先的机械设备制造商，产品广泛应用于建筑、能源、交通等领域。随着数字化浪潮的来临，公司意识到，传统的信息传递方式已无法满足日益复杂的业务需求，必须借助数字化工具，提升跨部门沟通效率。于是，公司启动了数字化转型项目，重点打造统一的企业级协作平台。

该平台集成了即时通信、文件共享、项目管理、数据分析等功能，实现了全公司范围内的信息流通与资源共享。各部门员工可以通过平台实时查看项目进度、共享数据、发起讨论，大大减少了传统邮件、会议等沟通方式带来的延迟与混乱。例如，当生产部门发现原材料短缺时，可以直接在平台上向采购部门发出预警，采购部门则可以立即查看库存情况，启动紧急采购流程，避免生产线停摆。同样，销售部门在与客户洽谈重大项目时，也可以通过平台快速获取技术支持、法务咨询等跨部门支持，提升谈判成功率。

平台还支持跨部门协同决策。各部门负责人可以在线上共同审阅提案、提出建议、达成共识，显著缩短决策周期，提高决策质量。例如，当公司考虑进军新兴市场时，市场、财务、法务、人力资源等部门可以同步在平台上提交各自的评估报告，高层管理者可以一目了然地看到所有相关信息，快速做出决策。通过这种方式，公司的决策效率提升了30%以上，错误决策率大幅下降。

通过数字化转型，Y公司不仅解决了信息流通问题，更实现了跨部门的高效协同，生产效率与产品质量大幅提升，市场占有率持续增长。此外，数字化工具还促进了知识管理与创新，员工可以在平台上分享工作经验、技术资料，激发创新思维，推动公司持续进步。公司连续三年被评为全球最具数字化竞争力的制造业企业。

这两个案例充分展示了如何通过系统化的策略与工具，破解跨部门沟通难题，实现企业效能的显著提升。无论是通过明确战略目标、构建沟通机制，还是通过引入敏捷开发、打造数字化平台，关键都在于打破部门壁垒，促进信息流通，增强团队协作，提高决策效率，从而提升整体运营效能。这些经验对于其他企业来说，具有重要的借鉴意义。

综上所述，解决跨部门沟通问题需从理念、机制、流程、技能与激励五个维度进行全面优化。企业需树立共享价值观与目标，构建开放透明的沟通机制，优化跨部门流程管理，提升员工沟通技巧与团队协作能力，制定跨部门激励机制。实践证明，这些策略在实际应用中能取得显著成效，助力企业克服跨部门沟通难题，实现快速发展。

跨部门沟通作为企业运营的核心竞争力，其价值不容忽视。它不仅能有效化解内部矛盾，提升工作效率，更能有力推动企业战略目标的实现，为企业在竞争中赢得优势。无论是大型跨国集团还是初创型企业，均应高度重视并积极采取措施提升跨部门沟通效能，以推动企业的可持续发展。在日益激烈的未来市场环境中，良好的跨部门沟通将成为企业的生命线，确保企业在应对挑战、把握机遇时，能够迅速响应、精准决策，持续攀登新高，实现基业长青。

然而，提升跨部门沟通并非一蹴而就的过程，需要企业持之以恒地投入精力，不断调整和完善策略。企业应定期评估跨部门沟通效果，根据实际情况适时调整策略，确保其始终与企业发展需求相匹配。此外，领导层的支持与示范至关重要。管理层应积极参与跨部门沟通，营造积极的沟通氛围，鼓励员工跨越部门界限，携手为实现企业目标共同努力。

总而言之，跨部门沟通是企业成功的关键要素之一，其对企业战略执行、决策效率、团队协作与创新活力具有深远影响。唯有通过有效的跨部门沟通，企业方能充分调动各部门优势，实现资源的高效整合，从容应对复杂多变的市场环境，赢得未来竞争。因此，无论企业所处何种发展阶段，都应将提升跨部门沟通效能视为重要任务，通过系统化、精细化的管理，构建高效、和谐的跨部门沟通环境，为企业的长远发展奠定坚实基础。

家庭篇：

家和万事兴，沟通是桥梁

非暴力沟通，让爱精准传达

陈奕文

"良言一句三冬暖，恶语伤人六月寒。"在日常生活中要谨慎选择自己的言辞。一句温暖的话语，就如同冬日的暖阳，能够驱散寒冷，给人带来无尽的慰藉；而一句刻薄的话语，则如同冰冷的利剑，即使在炎炎夏日，也能让人感受到刺骨的寒意。

小明和小华是大学时期的同窗好友，毕业后虽然各自忙碌于工作和生活，但两人之间的友谊一直保持着。某天，小明因为工作上的事情心情不佳，恰好小华打来电话，想要约他出来聚餐。小明在电话中态度冷淡，甚至因为一些小事而责怪小华，言语中充满了不满和抱怨。

小华在电话那头听得一愣一愣的，他完全不明白为什么昔日的好友会变得如此刻薄。他试图安慰小明，却被小明一句"你根本不懂我！"彻底打消了念头。挂断电话后，小华心里五味杂陈，不知道自己做错了什么。

几天后，当小明从纷繁复杂的事务中冷静下来，回想起自己那天对小华说的话，感到十分后悔。他意识到自己的言辞过于伤人，不仅伤害了好友的感情，也破坏了他们之间的友谊。于是，他主动给小华打去电话，为自己的冲动和不当言辞道歉。

小明在电话中说道："小华，我那天说的话太过分了，我真的很抱歉。我知道我当时的情绪影响了我的言辞，我不该那样对你说话。你是我的好朋友，我不想因为一时的冲动而失去你。希望你能原谅我。"

小华听到小明真诚的道歉，心里的寒冰渐渐融化。他感受到了小明话语中的温暖和诚意，知道这个朋友还是值得珍惜的。于是，他原谅了小明，两人之间的友谊也因此得以修复。

虽然修复了，但后面二人心中仍然会有芥蒂。

伤人的那些话，就像是在芦苇上钉钉子一样，即使拔出来也会留下痕迹。

又有多少人会真的拥有这样一个迷途知返的机会呢？

在纷繁复杂的人际交往中，我们如何确保爱的信息能够精准传达，而非在无意中造成伤害？

这便需要我们掌握一种沟通的艺术——非暴力沟通。

生活中，我们常常会遇到这样的场景：家人之间因为一点小事争执不休，朋友之间因为误解而心生芥蒂，甚至在职场上，因为沟通不畅而导致合作破裂。这些痛点背后，往往隐藏着沟通方式的问题。我们或许出于好意，却常常因为言辞不当，让爱意在传递过程中变得扭曲和模糊。

非暴力沟通，正是为了解决这些痛点而生。这种沟通方式强调以尊重和理解为基础，通过表达感受和需要，而不是指责和攻击来解决问题。

马歇尔·卢森堡[1]认为，非暴力沟通可以帮助人们更好地理解彼此，建立更健康的关系，并减少冲突和误解。非暴力沟通的核心是：

1. 倾听观察：非暴力沟通强调倾听观察，即关注对方的感受和需要，而不是只关注自己的表达。通过认真倾听，人们可以更好地理解对方的立场和情感，从而更好地沟通。

2. 表达：非暴力沟通鼓励人们通过清晰、明确的表达方式来表达自己的感受和需要。使用"我"语句来表达自己的感受和需要，而不是攻击或指责对方。

3. 理解：非暴力沟通强调理解和包容，即理解对方的感受和需要，并接受对方的观点和立场。这种理解和包容可以帮助人们更好地沟通和理解彼此。

4. 留意情绪：非暴力沟通强调留意情绪，即关注对方的情绪

---

[1] 马歇尔·卢森堡（1934—2015），师从人本主义心理学之父卡尔·罗杰斯，美国威斯康星大学临床心理学博士。国际非暴力沟通中心创始人，全球首位非暴力沟通专家。他有着50多年的实践经验，不仅指导人们在工作和生活中运用非暴力沟通，消除分歧和争议，实现高效沟通，还帮助解决了许多世界范围内的争端和冲突。

状态和感受。通过了解对方的情绪，人们可以更好地理解对方的立场和情感，从而更好地沟通。

一、非暴力沟通要求我们做到以下几点：

（一）第一要素：观察

我们仔细地观察正在发生的事，并清楚地说出观察结果。这里并不要求保持完全的客观，重点是区分"观察"和"评论"的区别！

不区分观察和评论，人们将倾向于听到批评，甚至是产生逆反。

举例子来说，当我们看到周末孩子在家睡觉，十点半了还没有起床。此时，他只是在睡觉而已。想一想，他是个懒惰的人，还是他的行为被我们称为"懒惰"？

再比如说，当看到身边的人有时候做事我们不理解，或不按照我们的要求做事。想一想，他是个愚蠢的人，还是他懂的事情与我们不一样？

没关系，这是很常见的现象，平时我们用"贴标签"来表达这种评论行为。大脑是一个高度复杂的器官，它处理信息的方式受到功耗限制的影响。为了高效地处理大量的信息输入，大脑需要采用各种策略来优化其功耗使用。贴标签行为可能是其中之一。通过将信息归类并贴上标签，大脑可以更加快速、准确地识别和处理这些信息，从而减少了处理每个单独信息所需的功耗。

美国心理学家贝科尔认为："人们一旦被贴上某种标签，就会成为标签所标定的人。"[1] 罗森汉恩博士招募了 8 个人（三女五男）扮演假病人，他们分别是一位二十多岁的研究生，三位心理学家，一位儿科医生，一位精神病学家，一位画家，一位家庭主妇。所有的假病人都告诉精神病医院的医生，他们幻听严重。但是除了这个症状，他们所有的言行完全正常，并且给问诊者的信息都是真实的（除了自己的姓名和职业）。结果，他们 8 人中有 7 人被诊断为狂躁抑郁症。被关入精神病医院后，这 8 个假病人的所有行为都表现正常，不再幻听，也没有任何其他精神病理学上的症状，但是没有一个假病人被任何一个医护人员识破。当假病人要求出院时，由于他们已经被贴上"精神病"的标签，医护人员都认为这些病人"妄想症"加剧。精神病院的医务人员甚至发明了一些精神病学上的新术语来描述这些假病人的严重"病情"：假病人与人聊天被视为"交谈行为"，他们甚至认为假病人做笔记都是一种

---

[1] 当一个人被一种词语名称贴上标签时，他就会做出自我印象管理，使自己的行为与所贴的标签内容相一致。这种现象是由于贴上标签后引起的，故称为"标签效应"。相关实验：斯坦福大学心理学系的教授罗森汉恩博士于 1972 年进行了著名的罗森汉恩实验（后来也被称为"假病人实验"）。

精神病病情的新发展，以至于"做笔记"被护士当作病人的病状以"书写行为"记录在他们的病历中。

罗森汉恩的研究有力地揭示了诊断标签的危险性——标签效应：一旦医护人员认定某一个人患有精神分裂症，就会把他的一切行为和举止视为反常。其实，有时，"病人"没有问题，有问题的倒是"医生"的眼力和判断力。这个心理学实验在教育学上的意义是：当一个孩子被贴上了"坏孩子""差生""笨蛋"等符合某个心理条件的标签时，那个标签将掩盖他的所有其他品质，甚至优点。无论那个孩子做什么，老师和家长都认为那个孩子"差""坏""笨"。人们歧视性的眼光和态度会迫使孩子的心理和行为向着人们的偏见——标签所指的方向发生偏转。在这种情况下，如果我们对孩子的"标签"态度不及时转变，最坏的结果就会发生：我们对孩子的负面看法（或者说，负面期望）可能变成孩子的自我确定，导致一个当初也许并不坏、并不差的孩子真的会成为一个"差生"或"坏"孩子。这表明，个体一旦被贴上某种标签，其行为和认知可能会受到该标签的影响。

负面标签的消极影响很明显——比如用"懒惰""愚蠢"这些词去形容人。同时，正面或中性的标签也会妨碍我们全面了解一个人。

印度哲学家克里希那穆提曾说："不带评论的观察是人类智力的最高形式。"

接下来我会用举例来说明如何区分观察和评论。

评论："你太大方了。"

观察："当我看到你把仅有的 100 元都给了别人，我认为你太大方了。"

评论："他无法胜任工作。"

观察："我认为他无法胜任工作。"

评论："如果你不按照我说的做，你没有未来。"

观察："如果你不按照我说的做，我就会担心你的未来。"

评论："小红长得很丑。"

观察："小红对我没有什么吸引力。"

因此，非暴力沟通的第一个要素是观察。当我们把观察和评论混为一谈，别人就会倾向于听到批评，进而反驳我们。

非暴力沟通是让我们在特定的时间和情景中进行观察，并清楚地描述观察结果。比如，会说"小明一觉睡到了中午十一点"，而不是说"小明是一个懒人"。当我们更多地观察倾听，就会让对方更多地敞开心扉，沟通才会成为可能。

（二）第二要素：感受

心理学家罗洛·梅[1]认为："成熟的人十分敏锐，就像听交响乐的不同乐章，不论是热情奔放，还是柔和舒缓，他都能体察到细微的起伏。"然而，大多数人的感受，却是单调的。

一次《高情商沟通》课程中，一位学生说，广场舞阿姨们将音响的声音放得很大，他怎么也睡不着。我询问他当时的感受，他说："我觉得在晚上不该这么大声。"我提醒他，虽然他用"觉得"这个词，但他表达的是看法而非感受。我请他再试着表达感受，这一次，他说："声音太大了就会打扰到别人。"我向他解释，这依然是看法而非感受。他想了想，斩钉截铁地说："我没什么感受！"

很明显，他有强烈的感受。不幸的是，他体会不到，更不用说表达它们了。体会和表达感受并不容易。根据我的观察，对于从事律师、工程师、警察、经理等职业的人来说，尤为困难，因为表达感受与他们的职业形象相冲突。

---

[1] 罗洛·梅（Rollo May，1909—1994）被称作美国存在心理学之父，也是人本主义心理学的杰出代表。20世纪中叶，他把欧洲的存在主义哲学和心理学思想介绍到美国，开创了美国的存在分析学和存在心理治疗，他著述颇丰，推动了美国人本主义心理学的发展，也拓展了心理治疗的方法和手段。曾两次获得克里斯托弗奖章、美国心理学会颁发的临床心理学科学和职业杰出贡献奖与美国心理学基金会颁发的心理学终身成就奖章。

在家庭中，如果家庭成员无法表达情感，那是很悲哀的。

有一次，一对夫妻一起参加了我的课程，其间，老婆对老公说："我怎么就嫁给了你这么个闷葫芦。"老公的反应真的就像一个闷葫芦：他坐在那里一动不动。老婆气坏了，转向我，嚷道："看！他总是这样。坐在一边，闷声不响。和他过日子，憋死我了。"

"你是不是感到孤单，希望爱人多体贴你呢？"我问道。在她表示认同后，我跟她说，"闷葫芦"这种话很难提醒她爱人留意她的愿望。一旦认为自己受到了指责，他很可能就会觉得委屈并退缩，这样，双方的关系甚至会更加疏远。

例如，如果他感到伤心、沮丧，不作任何反应，在老婆的心目中，他就会越来越像"闷葫芦"。

所以，明确自身感受特别重要，这是表达的前提。为了更好地沟通情感，非暴力沟通主张使用具体的语言。为了清晰地表达感受，我们编制了以下的词汇表。

1. 下列词语可用来表达我们的需要得到满足时的感受

兴奋　喜悦　欣喜　甜蜜　精力充沛　兴高采烈

感激　感动　乐观　自信　振作　振奋　开心　平静　自在

高兴　快乐　愉快　幸福陶醉　满足欣慰　心旷神怡

喜出望外　舒适　放松　踏实　安全　温暖　放心　无忧无虑

2.下列词语可用来表达我们的需要没有得到满足时的感受

害怕　担心　焦虑　忧虑　着急　紧张　心神不宁　心烦意乱　忧伤　沮丧　灰心　气馁　泄气　绝望　伤感　凄凉　悲伤　恼怒　愤怒　烦恼　苦恼　生气　厌烦　不满　不快　不耐烦

非暴力沟通的第二个要素是感受。更清楚地表达感受，从而使沟通更为顺畅。

（三）第三要素：感受背后的根源

明确感受来源于何处。感受的根源在于我们自身。我们的需要和期待以及对他人言行的看法，导致了我们的感受。

他人的言行也许和我们的感受有关，但并不是我们感受的起因。比如：当我们听到自己不爱听的话时，我们可以有四种选择：①责备自己；②指责他人；③体会自己的感受和需要；④体会他人的感受和需要。

第一种是认为自己犯了错。例如，有人气愤地说："我从没见过像你这么自私的人！"这时，我们可能会自责："哦，我没有考虑别人的感受，真是太自私了！"这会导致我们内疚、惭愧，甚至厌恶自己。

第二种是指责对方。这时，我们也许会驳斥对方："你说得不对！我一直都很在乎你的感受。你才自私！"在争吵时，我们一般会感到恼怒。

第三种是了解我们的感受和需要。这时，我们可能会发现自己有些伤心，因为我们看重信任和接纳。

第四种是用心体会他人的感受和需要。这时，我们也许就会想"他伤心可能是因为他需要体贴和支持"。

对他人的指责、批评、评论以及分析反映了我们的需要和价值观。如果我们通过批评来表达我们的想法，人们的反应常常是申辩或反击。反之，如果可以直接说出我们自身的需要，其他人就较有可能作出积极的回应。

对于大多数人来说，个人成长一般会经历三个阶段：

1. "情感的奴隶"——我们认为自己有义务使他人快乐。在这个阶段，我们认为自己需要为他人负责——让他人快乐是我们的义务。如果别人不高兴，我就会感到不安，觉得自己有责任做点什么。此时，我们特别容易把亲人看作负担。这会伤害到彼此的关系。

我常听人这样谈论亲密关系：我真的害怕与人亲近。每次看到伴侣处于痛苦之中，我就极为沮丧，感到窒息，甚至认为自己犯了什么错。于是，就想尽快摆脱这段关系。

许多人认为，爱情就是牺牲自己来满足爱人的需要。刚谈恋爱时，他们对恋人的关心是自发的。那时，彼此的相处是那么惬意、融洽和美好。

　　然而，随着关系变得"严肃"，他们开始认为自己有责任让对方过得开心。于是，爱情开始沉重起来。

　　一旦面临这样的情形，有人就会承认："在恋爱中，我无法忍受丧失独立性。如果恋人过得很糟糕，我就会认为自己做得不够。我可能会由于不堪重负而提出分手。"

　　如果意识不到感受的根源在于自身，就可能会指责恋人："你太依赖我了，我能力有限，我们分手吧！"

　　此时，如果我的恋爱伴侣能够倾听我的痛苦，对方也许会说："你认为你必须照顾好我。这会让你觉得自己失去了自由吗？"

　　可是，如果他反过来指责我"我的要求过分了吗？"那么，我们的关系很可能就走到死胡同了。

　　2. "面目可憎"时期——此时，我们拒绝考虑他人的感受和需要。在这个阶段，我们发现，为他人的情绪负责，牺牲自己，迎合他人，代价实在很大。想到日子过得这么憋屈，可能会很恼怒。

　　此时，如果遭遇他人的痛苦，我们可能就会无动于衷："这是你自己的问题！和我有什么关系？！"

　　有一次，一位学员在课间休息时兴奋地说，她很高兴认识到自己也曾是"情感的奴隶"。课程重新开始后，我建议大家做一个活动。这位女士坚决地说："我想做点别的。"我意识到，她在捍卫她选择的自由——即使她的选择会与其他人的需要相冲突。于是，我就问她："你想做点别的，即使那会与我的需要相冲突？"

她想了想，然后结结巴巴地说："是……嗯……不是。"她的困惑反映了表达自己的需要只是个人成长的一个阶段。

3. "生活的主人"——我们意识到，虽然我们对自己的意愿、感受和行动负有完全的责任，但无法为他人负责。与此同时，我们还认识到，我们无法牺牲他人来满足自己的需要。在这个阶段，我们乐于互助。我们帮助他人，是出于爱，而不是出于恐惧、内疚或惭愧。那是自由而快乐的行为。此时，我们意识到，虽然我们对自己的意愿、感受和行动负有完全的责任，但无法为他人负责。我们还发现，人与人相互依存，损人无法真正利己。非暴力沟通正是想帮助我们既表达自己，又关心他人。

（四）第四要素：请求

提出具体的请求

首先，清楚地告诉对方，我们希望他们做什么。如果我们请求他人不做什么，对方也许会感到困惑，不知道我们到底想要什么。而且，这样的请求还容易引起别人的反感。

曾经有一位女学员谈道："我请我先生少花一些时间在工作上。三个星期后，他和我说，他已经报名参加飞盘比赛。"这位女学员说出了她不想要什么：她不希望先生花太多的时间在工作上，但并没有说清楚她想要什么。于是，我鼓励她直接说出愿望，她想了想，说道："我希望他每周至少有一个晚上在家陪我和孩子。"

还有一对父子向我分享他们的经历：父亲对年仅 15 岁的孩子说："我只是希望你能上点心。这个要求难道过分吗？"这时，我请他说明，他的儿子怎样做才算是上点心。于是他就向我解释他对孩子的期待。

最后，这位父亲说："当我说我希望他能上点心时，我实际的意思是，他要听话，而不要固执己见。"

提出的请求越具体越好。如果意思含混不清，别人就难以了解我们到底想要什么。

明确谈话的目的

有的时候，我们并不需要直接提出请求。

比如说，晚上加班回家的老公给老婆说："老婆，我饿了。"意思就是"老婆，我饿了，你给我做点东西吃"。

然而，在某些时候，说出我们的不爽，却自以为别人应该知道我们想要什么。例如，一位老婆对老公说："我就叫你带瓶醋回来，你还忘了。啥时候能指望上你？"也许，老婆是希望先生马上出去买醋。但她老公可能会以为她只是在指责他。

如果我们只是表达自己的感受，别人可能就不清楚我们想要什么。

大多数时候，我们在说话时，其实并不知道自己想要什么。表面上，我们是在与人谈话，实际上，更像是自说自话。

这时，我们的谈话对象可能就不知道如何回应，甚至会感到局促不安。

有一次，我乘公交去机场，坐在我正对面的是一对夫妇。对于赶飞机的人来说，慢速行驶的公交是十分烦人的。过了一会儿，对面的那位老公怒气冲冲地对老婆说，"真是慢死了！"他老婆看起来有点不知所措，什么话也没说。通常，大多数的人在没有得到期待的反馈时，会将所说的话重复一遍。这位老公也是如此。接着，他就高声喊道："怎么这么慢！"

他老婆看起来更加局促不安。她转过头去，和他说："这趟车会准时到达的。"她老公更大声地嚷道："真是太慢了！"这时，老婆终于失去了耐心，厉声地说："那你想我怎么样？下车跑过去？"于是，两个人都处于痛苦中！

这位男士想听到什么呢？我相信他想要的是理解。如果他老婆意识到这一点，她也许会说："你希望开得快一点，是担心误机吗？"在之前的对话中，老婆感到了老公的不安，但不清楚他想要什么。

然而，如果一个人提出了明确的请求，却没有提及感受和需要，也有可能导致交流的困难。

例如，父母问"为什么还不去理发呢"，孩子一般会把它看作命令或指责。如果父母想避免误解，那么，他们可以先说出感受和需要："你的头发这么长，我们担心骑自行车上下学的时候影响你的视线，去理发好吗？"

有人会说，"我没有什么请求，只是随便聊聊。"

然而，我们在和另一个人说话的时候，总是希望有所回应。哪怕只是理解。有时我们希望他人采取某种行动。

因此，对自己的认识越深刻，表达越清楚，我们就越可能得到称心的回应。

（五）请求反馈

我们的意思和别人的理解有时可能是两回事。如果无法确定对方是否已经明白，我们可能就需要得到反馈。请求反馈能确保对方准确把握我们的意思。有时，问一句"我的意思清楚吗"，然后，对方表个态就足够了。在某些时候，听到"是的，我明白你的意思"这样的回答并不放心。为了确保对方确实明白我们的意思，我们希望他充分表达他的理解。这样，一旦他的理解与我们的意思有所不同，我们就有机会作适当的补充。

这里还要区分命令和请求的区别。请求是把真正的尊重给对方，而命令则是强迫对方无论如何都要按照我方思路去做。

因此在表达需要时，你的初心和是否真的把选择权交给对方，决定了非暴力沟通的最终走向。

让我们通过一个正向案例来进一步理解非暴力沟通的力量。

假设有一对夫妻，因为家务分工问题产生了矛盾。如果采用传统的沟通方式，他们可能会互相指责，甚至大吵一架。

但是，如果他们运用非暴力沟通的技巧，情况就会大不相同。妻子可以这样说："我注意到最近家务事都是我一个人在忙（观察），我感到有些疲惫（感受）。我希望我们能一起分担这些工作（需要），这样我也能有更多的时间休息和陪伴你（请求）。"

而丈夫听到这样的表达后，也能够理解妻子的感受和需求，进而提出自己的建议和想法。通过这样的对话，他们不仅能够解决问题，还能够增进彼此的理解和感情。

非暴力沟通不仅是一种沟通技巧，更是一种生活态度。它提醒我们，在沟通中要保持平和的心态，尊重他人的感受和需求，同时也勇敢地表达自己的真实想法。当我们学会用非暴力的方式去沟通时，我们会发现，爱意能够在人与人之间自由流淌，我们的关系也会因此变得更加和谐与亲密。

二、非暴力沟通案例及技巧拆解

（一）案例描述

在一个家庭中，母亲发现儿子小明最近总是晚归，而且成绩有所下滑。母亲感到担忧和不满，决定与小明进行一次沟通。

母亲（平静地）："小明，我注意到最近你晚上回家都比较晚，而且成绩也有所下降。这让我感到有些担心。"（观察）

小明（有些不耐烦）："哎呀，妈，你别管我了，我知道自己在做什么。"

母亲（保持冷静，表达感受）："我理解你可能觉得自己已经长大了，想要独立。但作为母亲，我真的很担心你的学习和安全。我希望我们能一起解决这个问题。"（感受和需求）

小明（稍微缓和）："其实我最近在参加一个学习小组，所以回家晚了点。成绩下降是因为我遇到了一些难题。"

母亲（倾听并提出请求）："哦，原来是这样。那你能告诉我更多关于这个学习小组的事情吗？还有，你觉得我们可以怎么帮助你解决学习上的难题呢？"（请求）

小明（开始敞开心扉）："其实这个学习小组挺好的，我们可以一起讨论问题。就是有些科目我确实不太懂，需要多花点时间。"

母亲（提出建设性建议）："那我们可以一起制订一个学习计划，合理安排时间。我也会找些资料帮你解决那些难题。你觉得怎么样？"

通过这次非暴力沟通，母亲和小明之间的紧张氛围得到了缓解，小明也愿意与母亲分享更多关于自己学习和生活的事情。双方共同找到了解决问题的方法，增进了彼此之间的理解和信任。

（二）技巧拆解

观察而非评价：母亲在开始时描述了观察到的现象，而没有直接对小明的行为进行评价或指责。这样做有助于避免小明产生抵触情绪，更愿意继续沟通。

表达感受和需求：母亲坦诚地表达了自己的担忧和需求，让小明了解母亲的立场和期望。这样做有助于建立信任，使小明更愿意倾听和理解母亲的想法。

倾听与同理：母亲在沟通过程中始终保持倾听的态度，尝试理解小明的想法和感受。这有助于消除小明的防备，使他更愿意分享自己的经历和感受。

提出具体请求：母亲在了解小明的情况后，提出了具体的请求和建议。这样做有助于将沟通转化为实际行动，共同解决问题。

通过非暴力沟通的方式，母亲和小明成功地解决了问题，增进了彼此之间的理解和信任。展示了非暴力沟通在解决家庭矛盾中的有效性，也体现了非暴力沟通的核心技巧：观察、表达、倾听和请求。

在这个充满挑战和变化的时代，我们需要更多地理解和包容来面对生活的种种问题。非暴力沟通正是这样一把钥匙，它能够打开我们内心深处的情感之门，让爱意在人与人之间精准传达。让我们从现在开始，用非暴力沟通的方式去对待每一个与我们交往的人，让爱在我们的生活中绽放出最绚烂的光彩。

和谐家庭，情绪管理让爱流动

何济斌

列夫·托尔斯泰说："幸福的家庭都是相似的，而不幸的家庭各有各的不幸。"

在幸福和谐的家庭中成长起来的孩子，他们往往会更加善良开朗乐观，内心也更加喜悦平和，因为内在的爱是自给自足的，他们知道如何去爱一个人，在人际交往中，也能够更好地去满足自己的情绪价值，而不会迁怒于人，所以在幸福和谐家庭中成长起来的孩子未来的家庭生活往往也是比较幸福的！而在不和谐的家庭中成长起来的孩子，从小看到的就是无休止的争吵和打骂，身心都受到了非常严重的影响，这些影响或许有一部分孩子不记得，但所有的伤害都在潜意识里面，这样孩子打从心底里会缺乏安全感，同时也会非常的不自信，在人际交往中也会复制父母的模式，即使极力克制，在某个瞬间这些争吵和打骂的模式也会不自觉地跑出来，未来大概率组建家庭以后也会经营成冲突争执不断的家庭。

我们知道家庭和谐是一个家庭幸福的基石，但是俗话说家家有本难念的经，家庭生活中有很多鸡毛蒜皮的小事，而每个人的价值观都不太一样，每个人都有每个人的道理，面对同一件事情就直接产生了矛盾，矛盾处理得不好，隔阂就会越来越深。

比如我有个学员，他跟爱人刚结婚那会儿在一起生活没多久，发现每次爱人吃完饭，就会在不脱鞋的情况下，直接把脚搁在茶几上，看到这一幕，学员的情绪噌的一下就上来了，直接跑过去大声呵斥道："在家里不要把脚放到桌子上，脏不脏啊！"

爱人立马回道："这么多年了，我妈都从来没管过我这个！我们刚结婚你就来管这管那！"

学员说："那今后这是咱的家，我们不得把家维护得干干净净吗？"

爱人说："脏了打扫就好了，在外面不能放松，在家不就是放松的地方嘛！"

学员说："家就是讲卫生的地方，你脱了鞋放上面，我没意见，你这样就是不行！"

爱人说："凭什么你说行就行，你说不行就不行，我偏不！"

学员说："行啊，以前你说我灯不关，说我浪费电，我哪次不是直接关了，我现在说你，你这样，是吧！"

爱人说："怎么着吧？"

学员说："成，那你以后也别指望我会改什么！"

爱人说："这次是你没事找事，我本来这样好好的，之前你没说，今天你发什么神经！"

学员说："我发神经？！你才发神经，本来家就是讲卫生的地方，我之前没有说你是希望你自己改，谁知道你这么不自知呢！"

就这样小小的一件事情，引发了家庭的世纪大战！学员后面反馈说当时两个人吵得不可开交，孩子在旁边哇哇大哭，可是两个人还在气头上就直接吼孩子说："哭什么哭，滚回房间里去。"足足吵了两个小时才结束，结束后，两个人冷战了有一周的时间，后面才慢慢地缓和过来。

平时发生这些我们有点能理解，但到了过年的时候，明明是一家人团聚，开开心心过大年的时候，可偏偏很多家庭年都过得不开心！

有个学员说道："平时一年都在外面出差，就想着过年的时候一家人能开开心心的！回到家里第一天的时候，父母对我可好了，什么都依着我，像客人一样，到了三天以后，慢慢地家里面开始弥漫起硝烟。大早上七八点，母亲就开始敲门。"

母亲："快起床吃饭了！你这样每天十一二点起不行，身体不健康。"

学员:"我难得休个假就想好好休息!你别喊了,让我再睡会儿!"

母亲:"那你吃完饭了,再睡回笼觉,不吃早饭不行!等你到了我这个岁数,有你受的,赶紧起床!"

学员:"我不吃,我的身体我自己心里有数,我现在就想多睡一会儿,妈,你别喊了!"

母亲:"我这是为你好,你多大人了,看看你还是不知道怎么照顾自己,一天到晚要我来为你操心!"

学员:"我不用你为我操心,我自己照顾得挺好的,这一年我也没有生病,过年我就想好好休息!"

母亲:"你说的什么话,你现在大了是吧,觉得我老了不中用了是吧!"

学员心里满是怨气,但想着还是照顾一下母亲的情绪就起床了,可是这事刚解决,一会儿又因为没有把饭吃干净,又被母亲数落了一顿,在那一刻再也受不了了,大吵了一架!

通过以上两个案例,不难发现,其实家庭里面产生争吵的原因,主要是来源于情绪管理不到位。比如第一个案例,看到爱人穿着鞋子把脚搁到桌子上,直接大声呵斥:"在家里不要把脚放到桌子上,脏不脏啊!"情绪瞬间点燃另一个人,就这样世纪大战就产生了！再看第二个案例，心里面有怨气，但是没有疏导，导致这些负面情绪在心里面不断堆积，直到下一次发生冲突的时候爆发！

情绪管理是家庭和谐的良药，我们如何进行有效的情绪管理呢？主要从两个方面入手：一个是想法，一个是做法！

首先我们来看想法，关于想法这部分的调整，大家得先了解一个心理学的基础理论——ABC 理论，也称为情绪 ABC 理论，A 是 activating event（触发事件），B 是 belief（信念），C 是 consequence（结果），这是由美国心理学家阿尔伯特·埃利斯创建的，该理论认为我们产生情绪不是因为这件事情本身所导致的，而是由于我们对于这件事情的想法、信念、价值观所导致的！所以要想处理我们的情绪，只需要把我们的想法、信念、价值观调整过来，我们的情绪自然而然就被疏导了。

关于上述的第一个案例，学员跟爱人争执，看起来好像是由于爱人不脱鞋子把脚放到桌子上所引发的，注意这只是间接因素，主要的核心因素是两个人的价值观不同，学员认为家是一个讲卫生的地方，如果否定了这个价值观，学员就好像他这个人被全盘否定了，这是他一下就愤怒的原因！我们每个人从出生到现在，从身边成人身上接受了很多信念、价值观，而这些信念、价值观塑造出了一个"我应该是怎么样"的身份，为了维持这个虚拟的身份，会做出很多非理性的行为而不自知！就比如：有的姑娘选择一个踏实的男生结了婚，5 年以后因为这个男生的踏实、不懂浪漫、没有情趣，最终离婚了，后面才发现踏实不是她在婚姻中最看重的特点，而是因为小时候家长不断地给她灌输：跟人结婚，最重要的就是踏踏实实的！而这个案例里面就是如此，学员的信念就是家是一个讲卫生的地方，她坚持了 30 多年的信念被打破的时候，她感受到了愤怒！而当我们在那一刻能够清晰地意识到，原来是因为我的信念影响到我了，我们便能够主动地把想法调整成为：家是一个讲卫生的地方，同时也是一个放松的地方。当我们调整自己以后，你便发现你允许你的爱人做出这样的举动，会以更友善的方式跟爱人沟通交流，冲突也就化解了。

关于第二个案例，母亲和学员，看起来好像是母亲没事找事要去管学员，但其实母亲那一刻已经被自己的信念所挟持了，她的信念里有：我爱我的孩子，我要让他身体健康，不希望他像我一样老了以后一身毛病；早上不起床吃饭身体一定会不健康！当学员能有这份觉知的时候，自然会更理解母亲一些。再者，分析自己秉持的内在信念：过年回家就是要好好休息，不要有人打扰。显然这样的信念在家里只会产生冲突，因为过往那么多年了，母亲一定会来督促起床，所以主动地把信念调整为：过年回家就是让老人家安心！当我们能够成功地意识到对方的信念是什么，我们的信念是什么，主动去调整，自然家里面的冲突也就能少很多！家庭也能够更加的幸福和谐！

通过两个案例，大家大概已经了解了，情绪的根源在于想法、信念、价值观，而不是事情本身，那我们如何找到自己的信念和价值观呢？你可以画一张情绪记录表：

事件	想法	情绪	行为
我喊孩子写作业，孩子回：半小时后再写	孩子不听我话	生气	大声吼道："现在不做，本子都给你撕了！"

如表中所示，在喊孩子写作业的过程中，当你生气的一瞬间，你把自己脑海中闪过的想法记录下来，你便可以知道自己到底因为什么而产生情绪了，当你能抓住那个自动出现的情绪想法的时候，下一步才能够帮助我们找到自己的一些看上去非常合理的信念，比如，这个事例中我们内在潜藏的信念可能是：孩子必须听到我的话立刻按我说的做，否则我就觉得不被尊重！当我们有这样的信念的时候，但凡孩子只要不按照我们说的做，我们立马就会产生愤怒的情绪，而当一个人愤怒的时候，十头牛都拉不回来，立马一些伤人的话就脱口而出了！当我们在事后找到这些信念以后，我们发现其非常不合理，我们便可以去慢慢修正自己的信念，孩子是一个独立的个体，他有自己的想法，不代表他不尊重我！这样一修正，你发现内在的愤怒就降低了很多。

再给大家举个例子：

事件	想法	情绪	行为
母亲答应生日给我买蛋糕，结果没买	她一点都不爱我	愤怒	大声呵斥："你说好给我买蛋糕，怎么没买，你每次都这样答应的事情都做不到！"

如表中所示，在愤怒的那一刻，记录下的想法是母亲一点都不爱我，这个想法合不合理？你冷静下来发现，通过这么一件事去否定整个人的想法特别不合理，叫作以偏概全，我们忘了母亲早上起床给我们做饭以及为我们做的其他事情！这个想法背后的信念是什么呢？他人承诺我的事没做到就代表不爱我！这个信念合理不？显然也不合理，有一种性格的人，他们说话全凭情绪，那一刻情绪到位了，就直接承诺了，在当时当刻他承诺的那一瞬间他是真心的！但之后他可能会忘记，这跟一个人的性格有关，跟他爱不爱你没有关系！当你这样一想，心里就释然了！

为了帮助大家更好地避免情绪化，将我通过10多年的心理咨询和学习，在家庭中受益匪浅可以抚平自己情绪的信念，在这里分享给大家，这个信念便是"爱是我们为对方做一些事情的权利，而不是我们控制对方的权力"。

很多时候我们觉得因为我爱着对方，所以对方也应该要爱我！或者因为我对你好，所以你也应该要对我好！这句话看上去非常合理，但其实内在是不符合逻辑的，设想如果有二十个人都特别特别爱你，跟你说：我要和你结婚，就因为他们都很爱你，你就要跟他们都结婚吗？显然不用！所以我们发现自己爱一个人，跟对方没有关系，他选择爱或者不爱我们，是他的事情，我们只能管好自己的事情！一个人不能控制另一个人，也不能改变另一个人。每个人只能改变自己，这样的改变或许会促使对方作出一些改变，但不能期望我变了，对方一定要改变，这样就变成了一种操控，依然会让自己不痛快！当你能想通这一点，你便能平和很多！

除了想法上面的改变，我们有时还需要一些做法上面的改变！

一、吵架共识

吵架共识指的是在吵架前你们商定共同的暂停条件、暂停方法，就像我们都知道不会游泳会淹死一样，我们都不会在不会游泳的情况下直接跳到河里去一样。

在平时家人都比较平和的时候，坐下来讨论一下，当有一天你们吵架的时候不能说的是什么。比如我有一个学员他在跟爱人结婚没多久发现，他在吵架的时候容易大吼大叫，他爱人在吵架的时候喜欢直接离家出走！针对这样的情况，他们在事后安静地坐下来达成了共识，下次吵架的时候，他不能吼爱人，爱人也不能离家出走！他们约定当吵架出现这种现象的时候，立马做一个食指放在掌心下的动作，双方各自坐在沙发上安静 10 分钟！自从他们共识好这一点以后，他们后面争吵的频次降低了 90% 左右！

二、动作疏导

动作创造情绪，我们的情绪跟自己的身体息息相关，当你整个人非常失落的时候，你倾向于低着头耷拉着脑袋，脸上没有啥表情，肩膀也是耷拉着的；当你特别兴奋的时候，你倾向于头是抬着的，表情是非常有活力的，肩膀也是挺拔着的，浑身散发着力量。通过以上两个觉察，你不难发现我们的身体做一些动作，你的情绪状态是不一样的！

我们如何让暴躁的情绪缓和下来呢？第一，深呼吸。不要看它简单，在瑜伽、打坐、太极等修养身心的锻炼中，它可是起到了非常重要的作用，它可以帮助我们缓解因为暴躁的情绪引发的心动过速，心率慢慢恢复正常后，我们整个人的情绪也会感觉更加的平和。第二，表情。我们脸部有 44 块肌肉，当我们情绪暴躁的时候，脸部的肌肉就会紧绷，这时你可以把注意力放在脸部，让脸部的表情柔和下来，我们的情绪也会平静下来。第三，声音。情绪来了说话的声音会不自觉地提高八个度，刻意地把声音的响度降下来，你发现自己就没有那么生气了。第四，身体。你的身体在情绪暴躁的时候，四肢的肌肉都是绷得很紧的，这时我们放松自己四肢的肌肉，同时，让自己身体的占地面积变得越来越小，就可以有效地舒缓我们的情绪！

当我们知道动作可以创造情绪，那么在你们家人一开始还没有进行吵架方面的共识，你们可以在吵架的时候，通过肢体动作的调整来疏导自己的情绪，比如有一天你们两人吵得不可开交，情绪特别上头的时候，你先不要站着了，直接坐沙发上去，如果可以的话，让家人也坐下来，你会发现神奇的事情发生了，只要一坐下来好像就没有那么生气了，同时，你如果还能去放松你全身的肌肉，你会觉得刚才吵架的自己很傻，这样情绪就被抚平了！

三、感情急救

我们不仅得有处理负面情绪的能力，还得让关系进一步升温。创造（甜蜜时光），这段时间里，双方都把任何不愉快的记忆或者情绪抛开，就像两个人来到了无人的小岛上，把所有不愉快的事都留在了大陆上。两人可以毫无拘束地说出心里的话，同时毫无保留地献出关怀、支持和爱。这样的目的是不让之前的一些负面情绪成为你们两人之间的一堵墙，让沟通一直无法积极正向！

任何一方提出（创造甜蜜时光），对方就必须尽快安排时间来进行，（甜蜜时光）时间不能少于一个小时，在这段时间里，双方不争论不抱怨，不提以前的事情，不算旧账，相互坦诚地说出内心的情感需要！

如果各位你们能做到以上的想法和做法方面的调整，家庭想不和谐都难！

高质量倾听，维系家庭纽带

罗志鹏

在纷繁复杂的生活中，良好的沟通是家庭和睦的基石。高质量倾听不仅是一门艺术，也是一种智慧，它使我们能够深入理解对方的需要和情感，从而通情达理。正如史蒂芬·柯维所言："先求理解，再求被理解。"史蒂芬·理查兹·柯维是美国著名的管理学大师，著有《高效能人士的七个习惯》，这本书自 1989 年问世以来，高居世界图书畅销榜第一名整整 7 年，就是这样一位我们可以称之为大师的人最常说一句话，"先求理解，再求被理解"。带领我们同样以这样的心态开启我们的沟通之旅，探索高质量倾听在家庭中的魅力。

在家庭的日常生活中，沟通的方式和质量直接影响着每一个成员的情感状态和家庭整体的和谐度。不幸的是，许多家庭的沟通常常停留在了表面的聆听，而缺乏深层次的理解和共情。

父母与孩子之间的沟通往往充满了误解和忽视。在忙碌的生活节奏中，父母可能更多地关注于孩子的学习成绩和行为表现，而忽略了孩子内心的真实感受和需求。当孩子试图分享他们在学校的不愉快经历时，简单的"这有什么大不了的"或是"你就这点能耐？"等回应，不仅没有提供任何实质性的安慰或解决方案，反而使孩子感到自己的感受被轻视，他们的心声没有被真正听见。这种情况下，孩子很可能会逐渐选择沉默，不再与父母分享内心的想法和感受，进而导致亲子关系的疏远。

同样，夫妻之间的沟通也常常困于事务性的表达和相互指责之中。日常生活中的琐碎事务和家庭责任往往成为夫妻对话的主要内容，而忽略了对彼此情感状态的关注和理解。当面对家庭问题或冲突时，双方可能更倾向于从自己的角度出发，指责对方的不是，而不是试图站在对方的立场上理解问题的本质。这种缺乏同理心的沟通方式非但无法有效解决问题，反而会加剧双方的情绪对抗，造成更深层次的隔阂。

更重要的是，这种表面化的沟通方式在无形中塑造了一个情感表达被忽视和贬低的家庭环境。家庭成员可能逐渐习惯于隐藏自己的真实情感，以避免遭遇进一步的误解和伤害。长此以往，家庭成了一个情感沟通被压抑的空间，而非一个温暖、支持和理解的港湾。在这样的环境下成长的孩子，可能会发展出回避情感表达的倾向，影响其未来的人际交往和情感建立。

忽视深层次沟通的家庭环境还可能导致家庭成员之间的误解

积累，问题未能及时有效地解决。比如，父母对孩子的某一行为的误解和过度反应可能会对孩子产生深远的负面影响，夫妻间未经处理的矛盾可能会激化成持续的冲突，甚至影响家庭的稳定性。这些问题的根源，在很大程度上可以归咎于家庭成员之间缺乏高质量的倾听和深入的情感交流。

全心全意地倾听是高质量沟通的基石。这种倾听方式要求我们放下所有的杂念和即将到来的忙碌，将注意力完全集中在对方身上，不仅仅是聆听对方的言语，更是感受对方的情绪和未言之意。在这一过程中，重要的是避免在脑海中预先准备回答，因为这样会分散我们的注意力，使我们无法完全理解对方的真正意图。全心全意地倾听并不简单，它要求我们练习如何控制自己的思维习惯，学会在对方讲话时，将所有的焦点都放在理解对方的话语上。这不仅是对对方的尊重，更是一种让对方感到被重视和理解的有效方式。通过这样的倾听，我们能够建立更深的人际关系，为深入交流和共情打下坚实的基础。

在人际交往中，倾听不仅是一门艺术，还是一项至关重要的技能，特别是在深化人际关系和理解他人情感需求的过程中。正向确认的核心在于理解和认可他人的感受，而不是急于提供解决方案或评判。这种方式的有效性在于它能够满足人们深层次的被理解和被认可的需求，从而促进更深入和真诚地交流。正向确认的实践需要我们首先对情绪进行准确的识别和判定，这不仅涉及聆听对方表达的内容，更重要的是捕捉到情绪背后的深层次需求和动机。例如，当朋友抱怨工作中的困扰时，他们可能更多的是需要一种情感上的支持和理解，而不仅仅是具体问题的解决方案。在这种情况下，我们可以通过表达共鸣和理解，比如说"听起来你今天真的很受挫，这种情况确实很难处理"，来进行正向确认。这种回应不仅认可了对方的感受，也为对方的情绪提供了正当性，帮助他们感受到被理解和支持。然而，在实际应用中，很多人容易陷入提供解决方案的冲动，忽略了倾听和理解的重要性。这往往是因为我们渴望展现自己的智慧和能力，或是出于帮助他人的好意。但实际上，这种急于解决问题的态度可能会无意中忽视了对方真正的需求，即对情感的认可和支持，从而导致沟通的失败。因此，成为一名更好的倾听者，不仅仅是要耐心地听别人说完话，更重要的是通过正向确认的方式，真正理解和认可对方的情感和需求。

反馈和确认是沟通中的关键环节，它能够确保我们正确理解对方的意思，并向对方展示我们真正理解了他们的想法和感受。这一过程通常涉及对对方话语的复述或总结，用我们自己的话来表达对方所说的内容。这样做不仅可以帮助我们更准确地把握对方的意图，还能给对方一个确认自己被理解了的机会，从而增强沟通双方的信任感。此外，适当地反馈和确认也可以帮助避免可能的误解和冲突，使沟通更加顺畅。这要求我们在倾听时就开始积极地思考，用心感受对方言辞背后的情绪和需要，而不仅仅是表面的意思。

体现同理心是指设身处地为对方着想，深入理解对方的情感和需求。这不仅仅是理解对方说了什么，更重要的是理解对方为什么这么说，他们背后的情绪和需求是什么。体现同理心的沟通方式能够让对方感受到深度的理解和接纳，从而在心理上获得巨大的安慰和支持。要做到这一点，我们需要超越表面的言语，触及对方内心的真实感受，这往往要求我们具备较高的情绪智力，能够准确感知并理解对方的情绪状态。同理心的体现也意味着我们在沟通中表达出对对方的深切关怀，这种关怀超越了言语，更多地体现在我们对对方感受的深度共鸣和支持上。

避免立即评判要求我们在沟通中保持开放的态度，不要急于对对方的话语做出评判或下结论。当我们立即对对方的言论进行评价时，很容易忽略他们背后的情感和需求，这种方式往往会导致对方感到被误解或是防御，从而阻碍了深入的沟通。避免立即评判并不意味着我们要放弃自己的观点或同意对方的所有说法，而是要通过更加开放和包容的心态去理解对方的立场和情绪，从而为寻找共同的解决方案创造可能。这需要我们在听到对方的观点时，首先考虑对方的感受和需求，而不是立刻从自己的角度出发进行判断。通过这种方式，我们能够减少不必要的冲突和误解，促进沟通双方之间的理解和尊重。此外，延迟评判也为我们提供了更多的时间去深入思考问题的各个方面，有助于我们提出更加周全和合理的建议和解决方案。在实际沟通中，我们可以通过提问、澄清对方观点等方式，深入探讨问题，而不是急于表达自己的看法。

引导和激励对话是高质量沟通的又一关键要素。这一点要求我们在沟通中使用开放式问题，鼓励对方分享更多的思想和感受，而不是通过封闭式问题限制对话的范围，仅得到"Yes"或"No"的答案。开放式问题如"你觉得什么怎么样"能够激发对方更深层次的思考和表达，为双方提供更丰富的沟通内容，有助于更全面地了解对方的观点和感受。此外，这种方式也表明了我们对对方的尊重和兴趣，能够让对方感到被重视和理解，从而更愿意敞开心扉，分享内心深处的想法。在实际应用中，我们可以通过适时地提出这些问题，引导对话进入更深层次的交流，同时也需要注意调整自己的提问方式，确保对话的自然和流畅，避免让对方感到被审问。

张先生在工作中面临着不断增长的压力，这种压力不仅影响了他的工作效率，还渗透到了他的个人生活中，使他感到极度疲惫和沮丧。一天晚饭后，他再次感受到了这种压力的重负，于是决定向妻子倾诉自己的感受。在过去，当张先生遇到问题时，他的妻子通常会立即提出各种解决方案，或者用同情的语言来安慰他。虽然这些回应出自好意，但往往并不能让张先生真正感到被理解或减轻他的压力。相反，这些回应有时甚至会让他感到更加孤独和无助，因为他需要的不仅仅是一个解决方案或表面的同情，而是深层次的理解和情感支持。然而，这一次，张先生的妻子采取了不同的方式。在学习了高质量倾听的技巧之后，她意识到了在沟通过程中理解和共情的重要性。因此，当张先生开始倾诉时，她选择静静地聆听，全神贯注地关注他的言语和情感，用肢体语言如点头来表明自己正在倾听。在张先生讲述完自己的困扰后，她没有立即提供解决方案或表达同情，而是先通过反馈和确认的方式，用自己的话重述了张先生的感受："听起来，你今天真的很难过，感觉自己被压力压垮了。"这样的回应让张先生感到了前所未有的被理解。他的妻子没有试图立刻解决问题，也没有用空洞的安慰话语来回应，而是通过倾听和反馈展示了她对他情感的真正理解和共情。这种深层次的情感交流让张先生感到自己并不是孤军奋战，他的感受和经历得到了家人的认可和支持。这一刻，他的压力感开始缓解，内心的紧张和不安也逐渐平息下来。更重要的是，这次沟通成为张先生和妻子关系中的一个转折点。通过高质量倾听，两人的关系得到了加深和加强。张先生感受到了妻子真正的关怀和支持，而他的妻子也通过这次经历学会了如何更有效地与丈夫沟通和交流。这不仅帮助他们解决了当下的问题，也为他们未来面对挑战时提供了一个更健康、更富有同理心的沟通模式。

通过这个案例，我们可以看到，高质量倾听不仅能够帮助我们更好地理解对方的感受和需求，还能够加深彼此之间的情感联系，建立更紧密和谐的人际关系。在家庭生活中，通过实践高质量倾听，我们可以为家庭成员提供一个充满理解、支持和爱的环境，使每个人都感到被珍视和关怀。这种沟通方式的力量是巨大的，它能够转化家庭内的每一次对话，将潜在的冲突转化为加深理解的机会，将日常的交流转化为增强彼此间情感纽带的桥梁。在张先生和他妻子的案例中，我们看到了一种变化，从表面的聆听转变为深层次的理解和共情，这种转变为他们的关系带来了积极的、长远的影响。这种高质量倾听的实践不仅限于夫妻之间的沟通，它同样适用于父母与孩子、兄弟姐妹之间的沟通，乃至于任何家庭成员之间的相互交流。当家庭成员开始习惯于用心倾听、深度理解对方的时候，家庭的整体氛围将会变得更加温暖。孩子们会更自在地分享他们的忧虑和成功，因为他们知道家人不仅仅是在听，更是在理解和支持他们。同样，夫妻之间的沟通也会变得更加开放和真诚，因为他们知道，他们的伴侣不仅关心表面的问题，更关心彼此的感受和需要。

高质量倾听的实践还能够帮助家庭成员增强解决问题的能力。当家庭成员习惯于共情和深度理解对方的时候，他们在面对问题和挑战时也会更加倾向于寻找共赢的解决方案，而不是单方面的妥协或放弃。这样不仅能够增强家庭的凝聚力，还能够为家庭成员提供一个模拟社会环境，教会他们如何在更广阔的社会环境中有效沟通和协作。

最终，通过在日常生活中不断练习和应用高质量倾听的技巧，每个家庭都有可能成为一个充满理解、支持和爱的港湾。就像张先生和他妻子的案例一样，改变可以从一次简单的倾听开始，而这一变化将会深远地影响每个人的生活，为整个家庭带来更多的幸福和和谐。

高质量倾听是每个家庭成员都应该掌握的技能，它能够促进家庭成员之间的理解和信任，解决沟通障碍，增强家庭的凝聚力。通过实践高质量倾听，我们可以建立更加和谐有爱的家庭环境。记住，沟通的艺术不仅在于表达，更在于倾听。当我们学会用心聆听，不仅是听见了对方的话，更是理解了对方的心，我们就能够真正达到心与心的沟通，共同构建一个充满爱和理解的家庭环境。让我们从现在开始，将高质量倾听作为我们日常沟通的一部分，无论是与伴侣的深夜长谈，还是与孩子关于学校生活的闲聊，抑或是与年迈父母的温馨对话。每一次倾听，都是一次心灵的触碰；每一次理解，都是一次情感的融合。通过这样的沟通，我们能够更好地理解彼此的需要和愿望，解决生活中的矛盾和困扰，增强家庭成员之间的情感联系。

在这个过程中，我们也会发现，高质量倾听不仅让我们成为更好的听众，还使我们成为更好的说话者。因为当我们感到被深度理解时，我们会更加愿意开放心扉，分享自己的想法和感受。这样的互动模式，能够促进家庭内部的信息流通和情感交流，建立起一个充满支持、理解和尊重的家庭氛围。高质量倾听的实践是一个循序渐进的过程，它需要我们不断学习、实践和调整。在这个过程中，我们可能会遇到挑战，比如忍不住打断对方、难以控制自己的情绪等。但只要我们持续地努力，用心地去倾听，就能逐步提升我们的倾听技巧，成为更加理解和被理解的人。

真实沟通：家庭幸福的基石

项必玲

苏轼曾言："人有悲欢离合，月有阴晴圆缺，此事古难全。"虽然时代变迁，但我们发现恒久不变的是，人有喜怒哀乐悲恐惊，这是人类集体潜意识的遗传……

而这点与我们今天分享的主题"完美没有力量，真实才有力量"又有何关系呢？

需要说起我曾经接触过的两对夫妻。第一对是所有人都认为的特别恩爱的夫妻，男才女貌。我们见到俩人出双入对时从来都是彼此手牵手，无论是男方还是女方对彼此都非常温和。当时有人好奇地想了解他们俩的相处日常，俩人表示："我们从来都不吵架"，一时引起很多周围人的羡慕……然而，原本大家眼中的完美夫妻，就在所有人都看好他们的时候，在刚步入婚姻的第七个年头，他俩忽然分开了，所有人都震惊不已……

第二对夫妻，基本周围接触到他俩的人对他们的感觉就是，这俩人当初怎么会走到一起？"三天小吵，五天大吵"，这句话放在他俩身上再合适不过了。尤其是作为他俩共同朋友的人，最遭殃了，经常会听到他俩互相吐槽彼此，有时候朋友们会劝说："哎呀，你俩这么爱吵，干脆分开好了……"结果他俩就不说话了。

但只要是他俩共同在的场合，又互撑得不行，久而久之大家也就习惯了。但令人意想不到的是，这俩人在结婚五年以后，吵架的频率越来越少，有一天，朋友分别问到他们："你俩现在怎么不吵了？"结果两人一致的回应是："不是不吵，是都了解彼此的弱点了，吵的频率就少了。"现在，还时不时能看到他俩互晒朋友圈，这对不太被看好的婚姻，反倒越走越近，越处越好了……

这两对夫妻，其实在我的授课生涯中，不仅仅是个例，它还是一个典型案例，这个案例在告诉我们，关系的经营中，完美没有力量，真实才有力量。而有多少人活在虚假的"完美"中，却不愿接纳和看见彼此的真实呢？

第一对夫妻，或许他们就活在虚假的完美中，两人从来不吵架，不深入沟通的背后是，没有办法看见彼此的需求。心理咨询师武志红老师说过："生命在于看见，你看见了我，我看见了你，我们就构成了连接。"

什么是真正的连接呢？看见彼此，读懂彼此，并在连接中越来越愿意支持彼此的需求。

一、沟通的四种错误姿态，你中招了吗？

打岔型。在生活中是否有这样的人？每当对方跟你说一些"重要"事情的时候，比如提到孩子的教育："孩子最近天天玩游戏。你能不能管管孩子呀？"又比如："你下次能不能做这些事情之前跟我商量一下，我和你说话你听到没有？"

对方看上去态度特别好，有在回应你，但其实对方直接转移话题了。类似回复一句："啊，我刚才没听到，周末我们去哪里玩"等，直接岔开你想进一步探讨的话题。这种类型就叫作打岔型，看上去是有回应你，其实根本没回应，是假性回应。这个时候，其实两个人是没有真正地读懂彼此，进入关系的深入连接的。

讨好型。我们在现实生活中是否有遇到以下类似的情况呢？比如说在一段关系当中，无论对方对你提出什么样的需求，或者跟你说到什么样的事情，明明你自己心里有一些想法，但是因为担心对方生气或者不开心，所以就没有表达出自己的意见，什么事情，都是回应对方"好"，也不敢拒绝对方。

我曾经做过一对夫妻的个案，就有类似的这种沟通方式。男方比较强势，所以在他们的关系当中，男方说什么，女方都是回应"好的"。没有任何的问题，并且每次两个人产生冲突的时候，女方都会跟男方表示对不起，我错了，但其实，自己的心里还是蛮委屈的，只能自己压抑。这其实就是一种讨好型的沟通方式，讨好型的背后是在委屈自己的前提下成全他人。

指责型。指责型的沟通方式是怎样的呢？比如说在前面的第二种讨好型沟通方式当中，提到我做过的一对夫妻的个案。男方比较强势，男方在跟妻子沟通的时候，如果产生冲突，习惯性以指责或者命令的态度对妻子说话。在个案中，听到妻子提到最多的一句话是："我很害怕他，我怕一不小心做错了，他又要凶我了。"两人在过程中提及孩子的事情，男方的声音分贝直接放大，用一只手指着妻子说："我在外面赚钱不就是希望你把家里管理好"，其实丈夫就是不自觉陷入了指责的沟通状态中。

超理智型（讲道理型）。有一次，我的学员跟我说：老师，我老公就是每次我跟他生气发火，甚至我故意问他我在他心里排第几位，我其实只是要他一个态度，但他就偏偏跟我较真了，然后还开始教育我说："我爸妈肯定排第一位啊，生我养我育我，女儿排第二，你跟女儿没必要抢，也不应该跟女儿和我爸妈抢。"当时没把这个妻子气死。要的是一个态度，却像老师教育学生一样，教育起妻子来了。而且诸如此类的沟通案例特别多，包括她说有一次选择孩子的教育地点也是，他拿出了一堆的数据分析资料给她看，完全把妻子提及的离家远近、孩子的意愿抛之脑后了。这个案例中的丈夫就是典型的超理智沟通状态。

正确的沟通姿态：一致性沟通。

一致性沟通的意思是，在关系中，既看到了自己的需求，也看到了对方的需求，并结合当下的情况去沟通。比如说，当妻子责备丈夫："你看孩子都玩游戏成啥样了？你能不能管管孩子啊？"丈夫其实在听到这句话时，内心有一种委屈不被理解的感受，同时也合理地看到了妻子说出这句话的愤怒背后的渴望。所以并没有选择讨好、指责、超理智或打岔的方式回应。而是一致性沟通地回应了妻子："老婆，你最近也辛苦了。我能理解，孩子成绩下滑，你又花了那么多心力，加上我最近也确实加班比较多，比较少过问，是我疏忽了。同时，我这边也跟你做个解释，我是以为一切井然有序，也想着快点把这个项目弄好，记得你上次说了叫我五一假期一定腾出时间一家人出去游玩，我想着快点赶完进度。希望老婆能理解，我们一起好好沟通，接下来看看孩子玩游戏的事怎么引导下。"沟通没有标准答案，但我们通过这个案例中丈夫的回应可以意识到的是，产生沟通冲突时，不一定只有逃、对抗、讨好、说教的形式，也可以是非暴力沟通的形式。我们可以表达内心的想法情绪，但不做非暴力的情绪表达。

接下来，给大家分享一下沟通的一些方法，供大家参考。送给大家一句话，沟通的起点，不是说，而是听和读。

（一）沟通底层逻辑

真正的听是用耳朵听，用眼睛观，用心感受，把对方当王者。听对方语言语调背后的情绪，用眼睛观察对方的面部表情。——察言观色。

比如你是否有在沟通的过程当中听过类似的语言："总是""就只知道""老是""一点也不"诸如此类的词汇。举个例子："你一点也不关心我……"

这些词汇的背后，是听话要听音。可能你的沟通对象有情绪了。读懂了情绪，我们才好知道沟通的下一步如何回应对方。所以我们可以用"听、读、说"三个字归纳沟通的底层逻辑。

（二）不同场合的沟通公式

场景一：冲突场合

情：接纳情绪

享：鼓励分享

理：表达理解

策：共同策划

比如，简单的一个冲突场合。当妻子指责丈夫："你最近天天那么晚回家，你心里还有我和孩子，有我们这个家吗？"我们可以如何回应呢？

参考：嗯,（情）老婆你最近很累吧？是不是发生了什么事情？确实最近我都因为加班应酬比较晚回来，你一个人照顾家里和孩子辛苦了（理），你看看接下来我可以为你做点什么？（策）

回应冲突场景核心的原则，一定不要急于反驳和解释。可以先接纳对方的情绪，认可对方。当我们接纳认可对方，就能更好地让情绪平稳下来。在沟通过程中，有情绪一定要先处理情绪，再处理事情。方法没有百分百标准答案，但核心一定是要让彼此都处于一个情绪比较冷静的状态下再进行下一步沟通，你学会冲突场合处理秘诀了吗？

场景二：关系升温

事：看见事实

感：表达感受

意：看见意义 / 动机 / 渴望

联：拉近联系

比如在上述案例中，当妻子的情绪冷静下来后。丈夫如果能够利用赞美公式，让妻子感受到自己"被看见"就能让关系升温。

举个例子，丈夫可以这样赞美妻子：老婆，我看到每次回来我的衣服你都帮我整理得整整齐齐，每一个房间都打扫得特别干净。（事）我心里觉得很温暖。（感）我知道老婆很爱这个家，也希望我多看见你的付出。（意）以后我会尽可能多地腾出时间陪伴你跟孩子，你有什么想法、需要我做什么也第一时间跟我说好不好？（联）

所以，看见读懂彼此，并能够让对方感受到你看见了。才能让关系更好地升温，我们可以马上践行起来。

二、沟通的润滑剂——赞美的力量

关系的经营不在于一朝一夕，而在于长久地维护。所以在未来的相处中，也不能吝啬我们的赞美。分享赞美的八朵玫瑰花。

（一）从否定到肯定

比如，我的爱人就经常用这个方法赞美我："以前最早跟你相处时，还以为你是个神经大条的人，没想到关键时刻，你总是这么体贴。"

（二）与自己做对比

"现在让我来说我妈最爱的人，排在第一位的一定是你，我都被排在脑后了……"

（三）逐渐增强评价

"以前你送的礼物都是享受型的礼物，现在你送的礼物除了享受型，还有滋养型和贡献型，你看你这次礼物里头写的信，对我而言真是意义非凡，谢谢你，这么用心，我会好好珍藏起来，等我们老了慢慢看……"一举多得，夸了对方还更进一步促进了关系。

（四）似否定实肯定

"哎呀，今天这个菜看上去不怎么样，不过尝了下可真不错，亲爱的可真贤惠……"

（五）巧用修辞

有一次过年我的爱人去到我家乡，家里人大放鞭炮。我就对我爱人说："刘德华来了都没您这待遇咧"……他瞬间嘴角上扬。

（六）公开赞赏

有没有人在家庭聚会，或者其他公共场合，每次感谢了一大堆人，唯独不好意思感谢自己身边最亲密的人，觉得不好意思。但其实，有爱就要大声说出来。公开赞赏可以极大增强赞美的力量。

（七）借第三者的话

平时听到他人对自己爱人或者孩子的赞美，就可以转述给沟通对象。比如，你的孩子受到老师表扬了，就可以告诉孩子："今天老师夸你了。"老师是权威人士，得到权威人士的赞美，相对而言当事人是比较开心的。

（八）使他人觉得重要

这个是最好用的一朵玫瑰花了。人性的特点都是喜欢被尊重认同，当我们让对方觉得重要时，对方就会很有价值感。比如："亲爱的还好有你，你就是我背后的智囊团。""这个事情换我是处理不好的，还好有你……""不能没有你啊"等等，这些语句都会让对方觉得自己特别重要。

当然，所有的赞美，前提一定是真诚。为了赞美而赞美，就脱离了我们沟通的本质。

三、沟通中的陷阱

（一）不要争对错

你是否见过有些人在沟通中针对一个观点争执不下？比如针对孩子教育的地点选择，公说公有理婆说婆有理。但其实在争执的过程中，我们争赢了对方，却输了关系，这是我们想要的结果吗？所以不要争对错。

（二）不要翻旧账

沟通中最怕彼此每次吵架冲突时，就把以前的旧账翻出来，所以本来是很小的吵架，却因为旧账的参与小事变大，甚至有些人因此冲动，就做出了不理智的决策。

（三）不要拒绝沟通

你以为拒绝沟通是避免了关系继续破裂，但其实也让彼此的心理距离越来越远。所以可以在彼此有情绪时暂时暂停沟通，但后续情景合适时，依然要把事情说清楚。也是为了避免第二条原则翻旧账的发生。

（四）不要贴标签

很多人在沟通产生冲突时，情理之中就会说："你这人一点责任心都没有，我嫁给你是我这辈子最大的错误，你就是窝囊废"，等等。包括男性会说："你有没有长脑子啊笨死了，我就没见过比你还无理取闹的人"，等等。这些贴标签的话，就像给对方判了死刑一样，你给对方判了死刑，久而久之对方也会对你关上门。

（五）不要动手动脚

有些错误是不能犯的，一旦动手，在对方心里就留下了烙印，再怎么洗也洗不掉。同时"动手动脚"还有另一层意思，有时候在关系经营中吵归吵，但如果离开了（离家出走，回娘家等）就把事情放大了。

（六）不要当挡箭牌

很多夫妻吵架，会让孩子参与其中。让孩子帮自己，或者一起说对方错了。这个过程最痛苦的不是你们，而是孩子，孩子左右为难的过程中也成了你们的公共情绪垃圾桶。

（七）不要触碰对方底线

每个人的底线不同，这与彼此的价值观有关系。只要是对方价值观里觉得特别重要的事情，我们都要尊重，不要刻意挑战。

世界上没有百分百最合适的一段亲密关系，也没有百分百完美的一段关系。只有在彼此的相互留心看见与读懂时，才能更好地产生连接。而生活在社会中每个人都不是孤岛，生命在连接中才产生了喜怒哀乐悲恐惊，我们才活出了真正生而为人的鲜活。

关系的经营很有挑战，但同时也很简单，带着真心去感受，感受自己，感受对方。

完美没有力量，真实才有力量，让我们在真实的碰撞中去感知和遇见幸福。

共筑爱巢，两性关系的和谐之道

罗志鹏

"在家庭的温馨港湾中，两性间的亲密关系如同罗盘与航船，指引着家庭的方向，承载着彼此的情感。""家，是两性情感的交织地，是亲密关系的熔炉。建立健康的两性亲密关系，如同培育一朵绽放的花朵，需要耐心、理解和关爱。"一个健康的两性亲密关系，对于家庭的和谐与幸福具有不可估量的重要性。

健康的亲密关系能够增强夫妻之间的信任与依赖。它如同一座坚固的桥梁，连接着夫妻双方的内心，让他们能够坦诚地交流彼此的想法和感受。在这样的关系中，信任与依赖如同阳光雨露，滋养着爱的花朵，使其越发娇艳动人。这种信任与依赖使得夫妻之间的关系更加稳固，即使面临困难与挫折，也能够相互扶持，共同渡过难关。

健康的亲密关系有助于促进家庭成员的心理健康。在亲密关系中，双方能够给予彼此情感上的支持和理解，减轻生活压力带来的负面影响。这种支持与理解能够增强家庭成员的自信与自尊，提升他们的幸福感和满足感。同时，亲密关系中的相互关爱也能够缓解焦虑、抑郁等心理问题，为家庭成员创造一个健康、积极的生活环境。

健康的亲密关系还有助于下一代的健康成长。在一个充满爱与关爱的家庭环境中，孩子能够感受到家庭的温暖和幸福，从而培养出积极、健康的人格特质。父母之间的亲密关系也会成为孩子学习的榜样，教会他如何去爱、如何去理解、如何去尊重他人。这种健康的家庭氛围将为孩子的未来发展奠定坚实的基础。

然而，建立健康的亲密关系并非易事。它需要双方共同努力，付出耐心、理解和关爱。如同耕耘者对待田地一般，我们要用心去经营这段关系，让它在岁月的长河中越发深厚。因此，我们必须珍视并努力建立这种充满爱与理解的亲密关系。它不仅是家庭幸福的源泉，更是我们个人成长道路上不可或缺的宝贵财富。

在现代社会，家庭作为社会的基本单位，承载着情感交流、生活共享等多重功能。然而，在这个高速运转的时代，两性关系在家庭中却时常面临诸多挑战。工作压力、家庭琐事、情感疏离等问题如同一道道屏障，使得两性之间的亲密关系变得脆弱不堪。现将深入探讨现代家庭两性关系所面临的挑战与痛点，以期引发人们对这一问题的关注和思考。

首先，工作压力成为横亘在夫妻之间的无形屏障。在这个竞争激烈的职场环境中，夫妻双方都背负着沉重的工作负担。以张先生和李女士为例，他们分别是公司的中层管理人员，每天都需要面对繁重的工作任务和紧张的工作氛围。长时间的加班和高压的工作环境让他们几乎无暇顾及彼此。渐渐地，他们发现彼此之间的对话变得越来越少，感情也变得冷淡。这种情况在很多现代家庭中并不罕见，工作压力使得夫妻双方难以抽出足够的时间来陪伴对方、交流感情，从而导致两性关系出现裂痕。

其次，家庭琐事也是影响两性关系的一大痛点。在日常生活中，夫妻双方需要共同承担家务、照顾孩子等责任。然而，由于个人习惯、价值观等方面的差异，双方在这些琐碎事务上往往难以达成共识。例如，王先生喜欢整洁有序的生活，而他的妻子则更注重舒适和自由。这种差异导致他们在家庭琐事上经常产生分歧，进而影响到两性关系的和谐。

此外，情感疏离也是现代家庭两性关系中的一大问题。在快节奏的生活中，夫妻双方可能因为工作忙碌、生活压力等而忽略了对彼此的情感关怀。这种长时间缺乏沟通和交流的生活，使得双方的感情逐渐疏远。就像赵先生和他的妻子一样，他们曾经是恩爱有加的一对，但随着时间的推移，工作上和生活上的压力让他们逐渐疏远了彼此。直到有一天，他们意识到彼此之间的感情已经变得陌生和冷淡，才意识到问题的严重性。这种情感疏离不仅会导致两性关系紧张，还可能对家庭稳定造成威胁。

　　沟通不畅、信任缺失和角色定位不明确则是现代家庭两性关系中的三大痛点。沟通是维系两性关系的重要纽带，然而在现代家庭中，双方往往因为缺乏沟通技巧或缺乏耐心倾听而导致沟通障碍。信任是两性关系的基石，但面对生活中的各种挑战和诱惑，双方可能因为疑虑和猜忌而破坏信任。角色定位不明确则可能导致双方在家庭中的责任和权利分配产生冲突，进而影响到两性关系的稳定。

　　面对这些挑战和痛点，我们需要认识到两性关系的健康与否直接关系到家庭的幸福与稳定。因此，我们应该积极寻求解决方案，努力改善两性关系。总之，现代家庭两性关系面临着诸多挑战和痛点。我们需要正视这些问题，积极寻求解决方案，努力营造和谐、稳定的家庭环境。只有这样，我们才能让两性关系成为家庭幸福的源泉，让家庭成为我们心灵的避风港。

　　在现代社会，家庭作为社会的基石，其稳定与和谐直接关系到个体的幸福和社会的繁荣。而两性亲密关系作为家庭关系的核心，其健康与否更是决定了家庭的整体氛围。那么，如何建立健康的两性亲密关系呢？我们可以从平等尊重、有效沟通、情感支持以及共同成长四个方面进行深入理解。

　　首谈平等尊重，它是构建健康家庭两性关系的基石。《易经》云："天尊地卑，乾坤定矣。"这并非指两性间的高低贵贱，而是强调在家庭中，男女双方应相互尊重，平等相待。传统观念中，权力斗争和性别刻板印象往往成为阻碍两性和谐共处的绊脚石。然而，真正的亲密关系需摒弃这些陈腐观念，以开放的心态接纳彼此的差异。如孔子所言："己所不欲，勿施于人。"我们应尊重对方的立场，理解其感受，不因性别而失之偏颇。只有在这样的基础上，两性才能携手共进，共同为家庭的幸福努力。

再谈有效沟通，它是连接两性心灵的桥梁。古人云："言为心声。"沟通不仅仅是语言的交流，更是心灵的碰撞。在家庭中，双方应学会倾听与表达，坦诚地分享自己的想法和感受。如同《论语》所云："忠告而善道之，不可则止，毋自辱焉。"在沟通过程中，我们应避免指责和攻击，而应以理解和包容的态度去接纳对方的观点。通过有效沟通，我们可以消除误解，减少冲突，增进彼此之间的了解和信任。这样的沟通方式不仅有助于解决问题，还能加深两性之间的情感纽带。

情感支持，则是建立健康家庭两性关系的温暖保障。当对方遭遇困境时，我们应给予坚定的支持和理解。《诗经》有云："投我以木桃，报之以琼瑶。"这种情感的给予与回报，正是家庭中两性关系的真实写照。无论是生活中的挫折，还是工作上的压力，我们都应相互扶持、共同面对。通过情感支持，我们可以增强彼此之间的信任和依赖，使两性关系更加稳固。这种支持不仅体现在言语上，更体现在行动上，需要我们用心去体会对方的需求，用爱去温暖对方的心灵。

最后，共同成长是健康家庭两性关系的动力源泉。两性关系并非一成不变，而是一个持续发展的过程。《大学》云："苟日新，日日新，又日新。"这告诉我们，在家庭中，两性应相互激励，共同进步，实现个人和家庭的和谐发展。如同树木需要阳光和雨露才能茁壮成长，两性关系也需要双方共同的努力和付出才能不断升华。在共同成长的过程中，我们要不断学习和探索，提升自我认知和情感管理能力，以更好地应对生活中的挑战和变化。

综上所述，建立健康的家庭两性亲密关系需要从平等尊重、有效沟通、情感支持以及共同成长四个方面着手。这四个方面相互关联、相互促进，共同构成了健康家庭两性亲密关系的基石。在实践中，我们要不断反思和调整自己的行为，努力营造一个和谐、稳定的家庭环境。只有当我们真正理解并践行这些原则时，才能营造出和谐美满的家庭氛围，让两性关系在岁月的洗礼中越发坚韧和美好。

案例一

李先生和张女士是一对中年夫妻，在长期的共同生活中逐渐失去了沟通的兴趣。丈夫忙于工作，很少关心家庭事务；妻子则感到被忽视，对丈夫的冷漠感到不满。两人经常因为一些小事争吵，但从未真正坐下来深入交流过彼此的想法和感受。随着时间的推移，他们的感情逐渐疏远，家庭关系也变得紧张。

案例二

在一个传统的家庭中，丈夫认为自己应该是家庭的决策者，而妻子则应该服从他的安排。然而，妻子并不认同这种观念，她希望能够在家庭事务中拥有更多的发言权。两人因此经常发生权力斗争，妻子常常指责丈夫不关心家庭，而丈夫则攻击妻子过于强势。这种互相指责和攻击的行为让他们的关系变得紧张而脆弱。

在这两则例子中，我们深刻体会到了缺乏沟通与冷漠对待对家庭两性关系的巨大破坏力。当双方无法敞开心扉，真诚地交流彼此的需求和想法时，误解与矛盾便如野草般在心头滋生。这些看似微不足道的隔阂，在时间的推移下逐渐累积，最终形成了难以逾越的鸿沟。

对话一：关于家务的争执

妻子："老公，你能不能帮忙收拾一下餐桌？我整天都在忙，你也应该分担一些家务。"

丈夫："我这不是在看工作邮件吗？你就不能自己收拾一下吗？"

妻子："你总是这样，把工作看得比家庭还重要。难道你就不能抽出一点时间，关心一下家里的事情吗？"

丈夫："我也不是不关心，但我也有我的事情要做。你就不能理解一下吗？"

对话二：深夜的争吵

妻子："我觉得我们之间的距离越来越远了，你每天都沉浸在工作中，都不愿意和我多说话。"

丈夫："我也是为了我们的未来在努力，我想给你更好的生活。"

妻子："但我需要的不仅仅是物质上的满足，我也需要你的关心和陪伴。我们结婚不是为了各自过各自的生活。"

丈夫："你怎么就不理解我呢？我也是为了这个家在付出。"

长期的冷漠与争吵，如同无形的枷锁，将家庭氛围紧紧束缚在压抑与紧张之中。在这样的环境下，家庭成员的身心健康受到严重威胁。他们或许在物质上丰衣足食，但内心饱受孤独与失落的折磨。

而权力斗争与指责攻击，更是家庭两性关系中的毒药。当双方无法以平等和尊重的态度对待彼此，而是陷入无休止的权力争夺与指责游戏时，家庭的和谐与幸福便荡然无存。这种消极的沟通方式，不仅让家庭成员感到沮丧和失望，更在无形中摧毁了他们之间的信任与亲密。

案例三

在一个普通的家庭中，丈夫和妻子都尊重彼此的职业选择和个人兴趣。丈夫是一名程序员，经常需要加班；妻子则是一名教师，工作之余喜欢阅读和写作。尽管两人工作繁忙，但他们每晚都会抽时间进行深度交流。妻子会耐心聆听丈夫讲述工作中的挑战和成就，而丈夫也会认真阅读妻子写的文章，并给予建设性的反馈。这种平等尊重和深度交流让他们的感情日益深厚，家庭氛围和谐融洽。

案例四

一对年轻夫妻在面对生活挑战时，相互扶持，共同成长。丈夫在创业初期遇到了资金短缺的困难，妻子不仅给予他精神上的鼓励，还积极帮助他寻找投资人和合作伙伴。同时，妻子在职业上遇到了晋升的机会，丈夫也全力支持她追求更高的职业发展。两人一起参加培训课程，提升自我能力，共同规划未来。

案例三、四生动展现了平等尊重与深度交流对于稳固家庭两性关系的巨大作用，同时也凸显了这些技巧在日常生活中的实用性。

在家庭中，双方若能秉持平等尊重的态度，真诚地倾听对方的心声，理解彼此的需求和想法，那么这种深度交流不仅能够让彼此感受到关心和支持，更能够在无形中增强信任感。这种信任感的建立，是稳固两性关系的基石。而一旦建立了信任，双方在面对家庭中的问题和矛盾时，就能够以更加积极和理性的态度去寻求解决方案。这种积极的沟通方式，不仅能够有效地化解矛盾，还能够让家庭成为真正的避风港，让每一个家庭成员都能够在其中找到归属感和安全感。

除了平等尊重与深度交流，我们更要将以下原则内化到意识深处，让其成为我们建立和谐亲密关系的准则。

准则一：尊重与理解

尊重彼此的个性和差异，不将自己的意愿强加于人。理解对方的想法和感受，站在对方的角度思考问题，避免过度解读或误解对方的行为。

准则二：坦诚沟通

保持开放、坦诚的沟通态度，分享彼此的想法、需求和感受。避免用指责或攻击的方式表达不满，而是用平和的语气提出问题和建议。同时，也要学会倾听对方的意见，尊重对方的观点。

准则三：分工合作

根据家庭成员的能力和兴趣，合理分配家务劳动和育儿责任。共同承担家庭责任，让每个人都感受到自己是家庭的重要一员。通过分工合作，增进彼此之间的信任和默契。

准则四：包容与宽恕

在面对家庭冲突和分歧时，保持冷静和理智，用包容和宽恕的心态去化解矛盾。不要抓住对方的过错不放，而是学会原谅和理解。通过包容和宽恕，增进家庭成员之间的情感纽带。

准则五：共同成长

鼓励和支持彼此的成长和发展，共同追求更高的生活质量和精神境界。分享彼此的兴趣爱好和追求，一起探索新的事物和领域。通过共同成长，让家庭成为彼此的精神支柱和动力源泉。

这些准则并非一蹴而就，而是需要在日常生活中不断实践和完善。只有真正理解和践行这些准则，家庭亲密关系才能更加和谐、美满。

爱与温暖：家庭两性关系中最美的风景与最宝贵的财富。健康的家庭两性亲密关系，无疑是家庭幸福的坚实基石。在纷繁复杂的社会生活中，我们都在寻求那份宁静与温暖，而这份宁静与温暖，往往源自一个和谐幸福的家庭。而在这个家庭中，两性关系的健康发展，又显得尤为重要。

平等尊重，是构建健康两性关系的基础。在家庭中，无论男女，都应享有平等的权利和地位。尊重彼此的个性、选择和决策，是维系家庭和睦的必要条件。只有当我们真正放下性别刻板印象，以平等的心态去对待对方，才能建立起真正的亲密关系。

有效沟通，则是增进彼此了解与信任的桥梁。在沟通中，我们要学会倾听与表达。倾听，是理解对方需求和感受的关键；表达，则是传递自己想法和情感的重要方式。通过坦诚地沟通，我们可以消除误解，增进信任，使两性关系更加稳固。

情感支持，是维系两性关系的纽带。在生活的道路上，我们都会遇到困难和挫折。在这个时候，对方的情感支持显得尤为重要。一个鼓励的眼神、一个温暖的拥抱，都能让我们在困境中重新振作，继续前行。这种相互扶持的情感支持，是家庭幸福的重要保障。

共同成长，则是家庭两性关系不断升华的动力。在人生的道路上，我们要不断学习、进步，而这种成长，也需要与伴侣共同分享。一起参加兴趣小组、一起探索新领域、一起规划未来，这些共同成长的经历，不仅能够增进彼此之间的了解与默契，还能够让家庭关系更加和谐。

当我们打破性别刻板印象，以平等尊重的态度去对待伴侣；当我们学会倾听与表达，以坦诚的心态去沟通；当我们给予彼此情感支持，共同面对生活的挑战；当我们携手共进，共同成长，我们便能创造出一个和谐幸福的家庭环境。如此，我们便能拥有一个和谐幸福的家庭，让爱与温暖成为我们生活中最美的风景。而这份幸福与美好，也将成为我们前行路上最宝贵的财富和动力源泉。

亲密关系五原则，两性情感保鲜剂

何济斌

《幸福婚姻法则》里面有这样一句话："在这个世界上，即使是最幸福的婚姻，一生中也会有 200 次离婚的念头，50 次掐死对方的想法。"越是接触的人多了，越认同这句话！2023 年的时候有个学员找到我说：老师，我真搞不懂为什么我老公一开始的时候那么爱我，怎么如今跟变了个人似的！我还记得刚开始我们认识那会儿，只要我说我喜欢吃什么东西，我都没有让他给我买，隔天他就把我爱吃的东西塞到了我的手里，到了节日的时候，总是会买很多不一样的礼物给我，即使我不要，他也是乐此不疲，每天看我的眼神，都可以感受到里面带着满满的爱意，现在我们结婚才三年的时间，为什么他以前会做的事情现在都不做了，甚至有的时候我还得告诉他到节日了，他有时都是无动于衷，他是不是不爱我了？这个学员的问题，我相信大部分的人在亲密关系中都遇到过，是什么造成了爱人判若两人的变化呢？其实这跟我们亲密关系的底层逻辑有关，很多人还不了解亲密关系就一头扎进了里面，结果被撞得头破血流！

亲密关系其实是分阶段的，正如世界上的每一段关系一样，它们就像生命，由不同的时期组成，比如我们的人生有婴儿期、幼儿期、儿童期、少年期、青年期、中年期、老年期。而我们的亲密关系也有固定的时期：激情期、衰退期、觉知期，这在每一段亲密关系里面都是必经之路！当我们处于相应阶段的时候，不应选择对抗，而是能够清晰地意识到自己目前处于这一个阶段，不把责任推到对方身上，而是看看有哪些地方我们可以做出一定的调整，让我们过得更加幸福。

一、激情期

激情期，我们也可以称为热恋期，在这个阶段由于我们哺乳动物的特性会有生理上面的性冲动、体内荷尔蒙的增加等表现，一般来说这个时间在1—3个月，当然也有的人可以保持1—2年时间处于激情期，在这段时间内，你将体验到的是：

1. 冲动

有的人觉得明明自己平时还是比较理性的，可是为什么突然之间不理性了？我有一个朋友找对象的时候，跟我提到说自己要找的男朋友必须身高 1.75 米以上，皮肤得白，学历至少得是研究生，工作不用太好，年薪 15W 以上就可以了。这话仿佛才刚在我耳边说过，转眼间她便找了一个男朋友，我惊奇地发现她的这个男朋友没有一条符合她的择偶观，当时我偷偷问了一下她为什么选他，她说她也不知道为什么，当他出现的时候，她这么一个理性的人变得不理性了，也许这就是爱情！

2. 盲目

在你处于这个阶段的时候，对方在你的心目中就是你的男神、女神，对方所做的一切在你看来都是那么的美好！ 1828 年的一次舞会上，俄国诗人普希金爱上了莫斯科第一美女娜塔莉亚，一见倾心，她的一切都让普希金觉得特别美好，普希金给她读诗读文章，被娜塔莉说厌恶，普希金依然对她一往情深，依然觉得她如此美好，最后放弃了写作。

3. 惦念

你会时时刻刻惦念着对方，不论是在工作还是休息的时候，无时无刻都会想到对方，一想到对方心就像小鹿乱撞一样，甚至会脸红心跳！当 ta 不在你身边的时候，你会时不时地拿起手机看看对方有没有给你发消息，当发现对方没有发消息的时候，内心又会有小小的失落，一旦发现对方给你发了消息，你心里会不禁喜上眉梢，身边的人甚至都能感到这两天你有点儿不太正常！

二、衰退期

有学员跟我说：老师，我不知道为什么好像中了谈恋爱过不了一个月的魔咒，每到一个月的时候，我总感觉对方好像没有那么爱我了，或者要么是我对对方不感兴趣了。恭喜你，其实你敏感地抓住了关系第二个阶段，就是衰退期。不要相信网上说的，是因为你们之间发生了什么矛盾和冲突，其实多半还是因为你们过了激情期了，你们俩之前看对方都是开着 10 级的美颜滤镜看的，现在那层滤镜慢慢地被磨灭，你开始在关系中面对更真实的他时，通过跟之前的对比，发现好像他真的没有那么好，自然而然会有一些负面的情绪出现！

随着你通过对比，发现对方好像没有那么爱你了，你好像也没有那么重要的时候，慢慢地你会不自觉地在关系中通过一些方式想要改变对方的言行举止。伴侣的一些小习惯，比如说吃饭的时候打嗝啊、走路的时候踮脚啊，等等，开始你觉得挺可爱的，现在越来越觉得看着好烦人！曾经他 / 她跟你说到工作中领导老是会给 ta 穿小鞋，你会不断地给予聆听，一个劲地安慰他 / 她，现在你只觉得你都说了那么多次了，他 / 她还是一点变化都没有，真的是太蠢了！你开始改变你对他 / 她的方式，要么用争吵的方式让对方改变，要么不说话不给予回应，要么重新找一个更好的，等等，不管你选择哪一个，你们都已经进入了权力斗争的阶段！在这个阶段里面，你们都在释放的信息是：我是对的，你是错的！所以你要改变！

有个学员小李提到：我也不知道为什么，一开始我们俩都挺包容彼此的，现在为了一件小事我们已经吵了不下五次了。我跟他说过在家里面的时候，我们要给到对方足够的尊重，不要大声说话，不仅会吓到孩子，还会让邻居觉得我们家关系一点都不和谐！他却跟我说，那种表面的和谐有什么用啊，我们要想关系好，肯定是有什么就说什么，不要憋在心里面，有情绪就大声地说出来，我们把事情说清楚了，不就行了吗？这才叫作尊重家人！不要给到孩子一种错觉，好像表面很好的样子！我就回他：不大声说话就说不清楚了吗？轻声说话不行吗？就这样我们俩谁也说不服谁，再这么吵下去，估计我俩很难继续下去了！

确实这个阶段我们无法分清对错，并且对错其实不重要，重要的是我们这样做会产生的效果是什么。显然再怎么争吵，我们还是解决不了实质的问题，权力斗争产生的根源到底是什么呢？其实跟我们内心的需求有关系，我们需要被无条件地爱着。打从我们来到这个世界，我们出现在妈妈的子宫内，那是一个什么样的世界？无论你怎么打闹都能给到你无条件包容的世界，可是天有不测风云，突然有一天你来到了一个冷冰冰的世界，有了对比以后，我们也会在潜意识里面追求之前在妈妈的子宫内体验到的温暖。但是你发现你没有办法寻找到这种无条件的爱，因为父母始终都是凡人，他们也有属于他们的喜怒哀乐，注定了你的这部分需求无法被满足，当无法被满足以后，我们来到属于自己的亲密关系中，在这段关系中，我们渴望对方能够给到我们这种感觉，一开始激情期的时候，对方确实给到了我们这种特殊的感觉，可是好景不长，我们来到衰退期，这种需求又无法被满足了，我们自然会想要去争夺这种无条件被爱的感觉，我们会用尽所有我们能想到的方式：哭闹、抱怨、指责、撒娇……

三、觉知期

过往我们一直都是黑白思维，不是对的，就是错的！这个人要么是好人，要么就是坏人！到了这个阶段我们开始明白没有绝对的对，也没有绝对的错！就像李中莹老师在回答学员提问这个世界上是否有鬼？学员一直在追问他说有还是没有，李中莹老师抱着一种态度：我不知道，我可以继续走走看，之后如果我遇到了那么就是有了，如果我没有遇到那就是没有了！我们抱着兼容的态度去看待所有的事情，在这段关系中，我们慢慢发现对错其实不重要，重要的是效果！你发现站在自己的立场上这件事情是对的，站在对方的立场上他的说法也是对的！你开始放弃改变对方，你开始学会了从自己的身上去寻找突破口！这便来到了觉知期！

没有人能够满足我们的需求，也没有人需要为我们的情绪负责，所有我们的需求和情绪都应该由我们自己负责，与他人无关。历尽千帆后，你终将明白我们生命中所有的因果都来源于我们自己的内心！

虽然我在这里说到亲密关系有不同的阶段，但不是每个人都可以顺利进入下一个阶段的，有些学员 50 多岁结婚 20 多年了，目前依然处于衰退期，如果不深刻地对关系进行反思，你永远无法有所成长和建树，正如有句话所说：很多人三十多岁便死了，只是八十多岁才埋葬！所以你只有在衰退期的时候，不断地开始去自我反思，从自身去寻找突破口，你才能进入下一个阶段——觉知期，让自己变得更成熟。

觉知就是观察自己内在所有的想法和感觉的过程，最终我们通过观察让自己能够更好地与自己和解。在这个过程中，你会发现是哪些事情让你产生了对错、好坏、不公平的想法，从而导致你产生糟糕的情绪，甚至选择跟爱人大吵一架的。当你不断地做到觉知，你会发现伴侣身上所有你觉得不好的部分，都是你内在过往无法接纳的部分，只是恰巧在伴侣的身上呈现出来了，当我们带着过往的滤镜去看待对方，给对方贴上标签的时候，我们就没有办法有所成长，永远活在过去的枷锁中。正如很多人在亲密关系中都强烈地被过往所操控，无止境地追求对方无条件地爱自己，当你不断地要求对方：你要给我买什么，你要每条消息第一时间回复，你必须晚上给我做饭的时候，你发现你的需求一定是会落空的，当每一次需求落空了以后，你的沮丧感、失落感就与日俱增，你认为这段关系中无论怎么努力，他都无法满足你的需求，于是在那一刻你有了想放弃的念头，只要放弃了，所有的这些沮丧和失落就会全部消失，自己就轻松了。这也是为什么现在的离婚率这么高，现在的人都相对来说更关注自己的感受，不痛快了我就自己过！反正我自己能挣钱，与其找个人来气我，还不如自己一个人来得痛快！

为了帮助大家能更快地从衰退期步入觉知期，能够顺利度过三年或七年之痒，给到大家亲密关系里的相处准则：

1. 亲密关系中两个人一定不同

没有两个人过往的人生经历是完全一样的，所以没有两个人的行为模式和思维模式会是一样的，他跟你比较同频也仅仅只是在某些方面而已，因此，即使适合的另一半也不可能对同一件事情的看法跟你保持绝对的一致，所以你所有的思维模式和行为模式都只适用于你自己，放在对方的身上是不能够适用的！我们唯一能做的是尊重他的不同之处，你想啊，如果他的所有的想法和做法都跟你一模一样，你跟自己过亲密生活有意思吗？是不是会觉得很无趣？那么就接纳他跟你的不同，并深信正是因为他跟你不同，所以你们的生活才会充满烟火气，更加有滋有味！

2. 亲密关系中一个人不能改变另一个人

我们在亲密关系中特别希望去改变对方，希望对方按照我们说的来做，但是很不幸，没有一个人愿意被人改变，一个人只能自己改变自己，就像你永远没有办法喊醒一个装睡的人是一样的。建立在这个基础上我们便需要在关系中放下自己对另一个人的期待，只有这样你才能够在关系中过得比较轻松愉快。同时当你能放下对别人的期待的时候，你才有能量去调整你自己，当你变了，别人才有可能发生改变，注意是有可能发生改变，而不是一定会改变，如果我们想对方一定会改变，依然参考这一条准则：一个人不能改变另一个人。

3. 亲密关系中有效果比有道理重要

人都喜欢讲道理，希望其他人能认同你的道理，认同你的观点，这件事情其实不那么容易，大部分情况下，你有你的道理，我有我的道理，你站在你的角度上觉得你是对的。比如我说苹果汁比较好喝，你说橙汁比较好喝，我能说出苹果汁好喝的道理，你能说出橙汁好喝的道理，在这点上面我们是没有办法达成一致的，我们在家庭里面千万要改掉我们讲道理的习惯，道理只会使两个人的距离越来越远，我们要想关系更近一点，一定要讲效果，我如何做才能让关系更近一点，我如何做才能让他更爱我一点，于是你就想到了，他喜欢喝橙汁我就给他买橙汁喝，我喜欢喝苹果汁我自己买给自己喝就行了。从今以后，不要在家里争赢了道理，输了关系。

4. 亲密关系中所有的一切都是你内心的投射

如果你觉得你的爱人在伤害你，不管是批评、指责、嘲笑还是其他方式，请你一定先仔细地去聆听你爱人对你说的话：这些话语或者这些表情这么刺痛，会让你回想起过往的哪些场景，或者你在自己的内心深处是不是也这样说过自己，是不是这一部分是你没有办法接纳的自己？始终清晰一个点，我们看到的世界不是世界本来的样子，而是我们心中主观的世界，这里如何理解呢？打个比方，孔子写了一篇文章叫作疑邻偷斧，故事中有个人早上起床发现自己家里的斧头丢了，怎么找也找不到，心想肯定是邻居偷了自己家里的斧头，这时候他刚好看到邻居从家门口路过，他就觉得这个邻居贼眉鼠眼一看就不是个好人！过了几个时辰这人在自己的床下找到了斧头，这时候又看到了自家邻居，觉得这个邻居一看就慈眉善目，怎么可能做偷鸡摸狗的事情呢？看完这个故事，大概你就能理解我们看到的世界是主观的世界了，亲密关系中的所有问题都是我们内心的投射，你是问题的本源。

5. 亲密关系中用产生问题的方式永远解决不了问题

在亲密关系中，人们很执拗，一直在用产生问题的方式处理着问题。

学员："老师，我跟爱人之间关系好像不亲密，我该怎么办？"

我："你跟爱人每天怎么沟通的？"

学员："我跟她每天好像很少沟通，老师，我知道了，我们要多沟通！"

于是学员自己回去沟通了，结果隔了十天又来找我，"老师我发现我们之间越沟通距离越远了"。学员增加沟通时间本身没有问题，但是冰冻三尺非一日之寒，之前已经有问题了，沟通的模式没有变，自然会加剧关系的恶化！

①亲密关系中两个人一定不同；

②亲密关系中一个人不能改变另一个人；

③亲密关系中有效果比有道理重要；

④亲密关系中所有的一切都是你内心的投射；

⑤亲密关系中用产生的问题的方式永远解决不了问题。

相信当你能做到以上5个原则时，你的亲密关系一定会更好，你也会更加的轻松快乐！

青春期遇上更年期的亲子沟通法则

柳　臻

青春期，一个让无数家长心烦意乱的神秘词汇。更年期，一个让无数孩子晕头转向的神秘词汇。当青春期遇上更年期，毫不意外地将引发一场"世纪大战"。

21 世纪是一个内卷的时代，从衣食住行到思维认知，仿佛一阵龙卷风吹过不留痕迹。现如今，望子成龙、望女成凤是所有家长的终身目标。最佳的莫过于孩子教育——最好的幼儿园、最好的小学、最好的中学、最好的大学，甚至最好的工作单位。好像从孩子出生的那天起，家长们就已经做好了百米冲刺的准备，随时待命。

不过更让家长们头疼的是应该如何与青春期的孩子进行沟通，不知从何时起，更年期的父母与青春期的孩子变成了最熟悉的陌生人，渐行渐远。明明是自己最亲近的心头肉，但偏偏从开始的无话不说演变成了如今的无话可说。

经常听到一些家长反馈，自己的孩子进入青春期后变得非常暴躁，明明以前很乖的，现在却变得喜怒无常无法管控。其实，青春期不等于叛逆期。所有的孩子都会有青春期，但不是所有的孩子都会有叛逆期。我们可以从以下四个方法入手，弄清孩子成长的规律，学会与孩子沟通的正确方式，让父母的爱不留遗憾。

一、减少期待

在南宁学训中心上课的时候，有一位母亲在听完课后主动找到我想要和我聊一聊。在沟通的过程中，我才知道原来她是一位单亲妈妈，在过去十多年的时间里，她一个人辛辛苦苦拉扯儿子长大。但她最近越来越觉得自己的儿子平时在家沉默寡言，几乎与她零交流，她认为是儿子的口才不好、性格内向。于是她带着儿子来到校区进行口才学习，可是儿子又非常抗拒，于是她就想问问我这种情况应该怎么办。得知情况后，我找到那个男孩进行了沟通，结合上课的情况，我发现他其实是一个非常有想法，也非常活泼的男孩，这和他妈妈说到的情况大相径庭。在接下来的课程中，我也渐渐找到了问题的根源——这位妈妈在过去十多年的时间里，把所有的精力都放在了儿子身上，除了培养孩子成才，她几乎找不到任何生活的动力，可以说儿子是她唯一的精神寄托。

但这也在无形之中带给了儿子很大的压力。从小到大，妈妈对儿子说得最多的一句话就是："你一定要好好学习啊，妈妈省吃俭用就是为了给你更好的学习环境，你一定要争气啊！"

再次和这位母亲沟通的时候，她流下了眼泪。她不知道自己以前的过高期待对孩子来说其实是一座座大山，会让孩子压得喘不过气来。"我觉得我很爱他的，从小到大有什么好吃的好用的都尽着他来，没想到会让他不想和我讲话。"其实很多父母在关于孩子教育沟通的过程中，会无意识地把自己渴望的目标强加到孩子身上。当孩子长期处于被动沟通时，沟通的渴望度就会大大降低。

在上海的时候，我参加了一次青少年心理疏导的义工活动。在这里我认识了一位妈妈，她是一名环卫工人。她老公前几年在工地干活受了伤，家里的重担全都落在了她身上。他们夫妻俩都没有文化，不想让女儿将来像他们一样受苦。于是她便一个人带着女儿背井离乡在上海漂泊，只为了能让女儿受到最好的教育，将来出人头地。但是，渐渐地她发现女儿变得越来越沉默，直到有一次她发现女儿拿着刀片在卫生间自残，她崩溃了。

原来，女儿在农村的教育环境中成绩很优异，但是来到大城市的教育环境中，教育系统的降维打击，让女儿倍感压力，学习很吃力。但是父母把所有的期望和爱都压在了她的身上，她深知自己的家庭条件和父母的艰辛不易，她真的很累。

在亲子关系中，我们应该如何做到减少期待呢？首先，请各位智慧父母先了解，期待是我们自己的渴望。每个人的人生旅程皆不同，我们的建议只是因为我们认为那是对的。其次，请各位智慧父母先去尝试通过行动满足自己的渴望，如果自己都做不到，又怎么能要求孩子做到呢？孩子爱父母远比父母爱孩子更浓烈，他们从来没有对父母施加期待，即使没有期待，他们依然爱着父母。最后，我们需要明确，父母对孩子的期待其实是对小时候自己缺失的补偿。因为父母没有好好学习导致人生艰难，所以不允许孩子像他们一样吃苦。想要在亲子关系中做到减少期待，就要先学会减少对自己的期待，父母有多接纳自己，就有多接纳孩子。

二、正面引导

爱兰姐和她的先生一直都想要生一个儿子，到了第三胎才终于生下一个儿子，平日里对他宠爱有加，可以说真的是做到了有求必应。但是随着儿子上了初中以后，她发现儿子的脾气变得越来越暴躁，并且毫不尊重自己和先生，甚至在外人看来他没有一点教养。直到有一次开家长会，班主任老师找到爱兰姐进行沟通，她才知道自己的儿子在校园里不仅目无尊长，还调戏骚扰女同学，并且带头霸凌弱小的同学。她不敢相信自己精心呵护的儿子会变成一个耍流氓的小混混"他以前明明很乖的啊，为什么会变成这个样子？"

　　在和爱兰姐进行谈话交流的两个小时里，我能感受到一个母亲的痛心疾首。不知道从什么时候开始，自己和孩子之间的沟通变得越来越少，甚至只有争吵和对峙。我问了她一个问题"在孩子小的时候，是不是所有人都围着他转，他想要什么都一定会满足？"所以真正爱一个孩子，真的是无条件地满足他的需求吗？还是让他感受到满足他需求的前提是通过自己的努力才会得到呢？

　　香荣姐的儿子最近经常对她说自己可能得了抑郁症，她觉得儿子是在无病呻吟。实在没办法了，才拉着儿子来到医院。那天他们在北医三院隔壁挂号大厅待了一下午，香荣姐感觉自己的心灵受到了震撼。

　　（父母）你怎么不会插卡？

　　（孩子正在插卡，机器显示读取成功。）

　　（父母）把卡拿出来。

　　（正在拿）

　　（父母）卡没放正。

　　（放不放正影响什么呢？）

　　（父母）收据你折它干吗？

（折了又影响什么呢？）

（父母）把衣服帽子放正。

（帽衫帽子歪掉是很正常的事情吧。）

（父母）都说了×××，你为什么不×××？

　　这些对话很常见，但是，她几乎同一时间见到了四个家庭这样表达。他们的孩子几乎每做一个动作，注意是毫不夸张的每一个，就会迎来一句指导，每一个动作都会被说。而且所有的事情都是无所谓、不分对错的小事。所以年轻人抑郁，谁该看病？她只待了半天就见到四个，大夫一天得见多少个这样的家庭。大夫看不到真正的病人，真正该去挂号的人只是站在那里说："我就是把他照顾得太好了。"大夫敢说什么，又能说什么？

　　"小时候每当我心情不好时，我妈只会说我矫情，想得多。而且我妈妈是一个性格急躁脾气暴躁的女人，小时候我就在想自己长大以后一定不要变成像她一样的人。但是我现在却慢慢变得越来越像她。"这是香荣姐和我沟通时内心最真实的感受。

　　在亲子关系中，我们应该如何做到正面引导呢？如果人生是由一所所学院所构成，那么第一堂一定是在这个学院完成的。想要做到正面引导，就不要过度参与，也不要观念复制。父母是孩子人生教育中的第一位老师，也是孩子的一面镜子，孩子所有的问题都是父母的问题。孩子不会听你说什么，只会看你做什么，然后有样学样。不要让家庭教育在这一刻完成了闭环，爱对了才是爱，不会爱是遗憾。

三、看见需求

在中山学训中心上课的时候，我遇见了一位 16 岁的同学，他是一个留守儿童，从小和外婆相依为命。上初中之后，父母终于从外地回来一家团聚，只不过他突然多了一个弟弟。他一直都无法感受到父母对他的爱，甚至在很长一段时间里，他认为他是多余的，这个世界上除了外婆，不会有人能无条件地爱他，他很缺爱。即使父母拼命地在物质方面去弥补他，但他也认为这只是父母为了让他未来帮忙照顾弟弟的手段。我能感受到这个孩子对于安全感的不确定性以及对于生活的不快乐感，他需要被看见。

"爸爸妈妈以前会关心你的生活吗？"这是我问他的问题，他想都没想，斩钉截铁地告诉我两个字"没有"。在交流的过程中，我发现在他从小的生活环境中，除了缺少父母的陪伴，也缺少父母的看见。虽然父母不在他的身边，但是一直在关心他的学习进度。其实更让他感到窒息的是，他的父母只在乎他的学习好不好，不在乎他是否开心、快乐。他最需要的是父母能够给他无私的爱，而不是以学习成绩为前提带有裹挟的爱。

所以当下他最大的困扰是无法和父母正常相处、沟通，甚至无法和身边的朋友产生情感连接。说直白点，他无法拥有爱与被爱的能力。所有情绪的背后，都有未被满足的需求，这其实是孩子内心需求的呐喊。

　　安东从小就不喜欢吃西红柿炒鸡蛋，单吃一个西红柿或单吃一个鸡蛋都可以接受，但两样炒一起就是接受不了，为此他没少和父母发生争执。父母认为这道菜有营养，别人都爱吃，怎么就你不爱吃，肯定是被惯坏了。可安东认为明明自己说了不喜欢吃这道菜，为什么所有的事情只要不按照父母的意愿完成，就会被道德绑架指责他不听话、被惯坏了？每位父母都很爱自己的孩子，但是孩子都能感受到爱吗？孩子喜欢吃苹果，父母拿出所有的钱买了一筐香蕉给他。难道父母不爱孩子吗？但是父母忽略了孩子想要的是苹果。即使花了所有的钱、即使香蕉很有营养，但这都不是孩子的需求。

　　在亲子关系中，我们应该如何做到看见需求呢？珊珊是一位"95后"的妈妈，每当儿子在写作业和出去玩之间选择焦灼时，珊珊都会优先带着孩子出去玩个够再回来完成作业。很多人都不理解，这样让孩子疯玩，不会养成坏习惯吗？珊珊是这样说的："我很理解我儿子，当他在写作业和出去玩之间纠结的时候，就说明他不会养成坏习惯，他知道写作业和出去玩对他来说都很重要。我也上过学，越不让我出去玩，我越想出去玩。还不如满足当下，玩够了自然就会回来认真写作业。"所以，在亲子关系中想要做到看见需求，就要——了解自己的需求，就是了解孩子的需求，因为我们都曾做过孩子。

四、轻松自在

之前在网络上有看到一段文字，印象深刻。女儿4岁，和她在外面吃饭，我不停地给她夹菜，劝她多吃点。女儿说："妈妈，你怎么总爱伺候人？"我说："你还小，妈妈要照顾你啊。"她强调说："你这是伺候，不是照顾。"我问她："照顾和伺候有什么不同呢？"女儿想了想说："照顾是我不会做的事情你帮我做；伺候就是我自己可以做的，你还帮我。"

对于大多数的中国父母而言，人生的必修课程就是学会放手，让孩子能够自由生长。可是大部分的家长已经习惯了一手包办孩子的饮食起居，对于他们而言，孩子永远都离不开自己，没有自己的照顾，孩子将会寸步难行。

在我上小学的时候，班里有一个同学叫单阳，他是一个性格温和有点害羞的男生。小时候班里的同学经常一起玩游戏到深夜，每一次他都会早早地离开，时间一久，大家都觉得有点扫兴。周末去他家找他玩，他妈妈也总会说他不在家，感觉他好像总是很忙的样子。不过，他是一个对同学特别慷慨的人，只要大家找他帮忙，他都不会拒绝，有求必应。上大学之后，我们还会经常联系，只不过他好像有点社恐，非常抗拒多人环境的社交。对于未来的职业规划，他也非常迷茫。仔细想想，好像从小到大，他都很难有自己的主见并且快速做决定。在他的家庭关系中，妈妈是一家之主，爸爸和他只能听从妈妈的指挥。大多数情况下，他很难有自己的想法，一旦他的想法和妈妈的想法起冲突，妈妈都会帮他做决定。久而久之，他变得有点胆小，并且不敢在别人面前表达自己的想法。

在他工作多年后，他依然很难和妈妈"和平相处"。仿佛从小到大，他们都没能有机会好好坐下来说说话，他不知道自己能和妈妈说些什么，甚至害怕和妈妈进行沟通。多年来他们一直都是最熟悉的陌生人。

我在泉州学训中心上课的时候，遇见了一个上高中的女孩，她父亲一直都跟我们诉苦，说她平时在家里一句话都不愿意跟他讲，只会把自己关在房间里。他害怕女儿这样下去会得抑郁症，让我们一定要多跟她聊聊天，让她愿意开口讲话。

但在和她相处的过程中，我发现她是一个非常活泼开朗并且有目标的人。只是每次在和她沟通的过程中，她都会习惯性地否定、怀疑自己的观点和想法。我觉得很奇怪，直到一次她父亲邀请我一起去吃饭，我才发现她在父亲面前没有丝毫的"权利"。父亲问她："想吃点什么菜？""我想吃毛血旺。""毛血旺多辣啊，对肠胃不好，你确定要吃毛血旺吗？""那不吃了吧。""你刚不是说要吃吗？每次我一问你又不吃了。"

原来这些年和父亲的相处模式更像是上下级的领导员工关系，无论她说什么，父亲都会对她进行否定。她说她最讨厌这种反问句式，为什么每次讲话都要问她"你确定吗？"难道不确定我还会讲出来吗？在她的内心深处，她很抗拒和父亲相处在同一空间内，因为她不知道自己讲什么内容，才能得到父亲的肯定。好像自己说什么都是错的，久而久之便会自我怀疑。对这位父亲而言，明明自己是这个世界上最关心、最爱孩子的人，可为什么她偏偏不肯领情呢？其实爱也需要有技巧，用对方喜欢的方式去爱孩子，才叫爱。用自己喜欢的方式去爱孩子，叫伤害。放下为你好，做到对你好。不要让父母对孩子的爱留有遗憾。

赣州学训中心的一位母亲说过一句话让我记忆犹新，最高级的亲子教育关系是轻松自在。前段时间，这位母亲向我分享了她15岁的儿子最近在帮助他的同学分析恋爱关系、疏导心理情绪。我很诧异于她并没有像其他家长一样，对于中学生早恋的话题谈虎色变。"这有什么好惊讶的，青春期不谈恋爱，难道老了谈呀？只要注意不要触碰红线就好。"在她的亲子教育关系中，她和儿子的关系更像是好兄弟，他们无话不谈。亲子沟通，更像是放风筝，时而飞远，时而飘近，只要手中的风筝线一直在就好。在和孩子的相处中想要做到轻松自在就要学会接纳。其实不是孩子离不开父母，而是父母离不开孩子。所以只要是不涉及原则底线的抉择，不妨大胆一点，给孩子一个机会，让他学会如何独立思考和做主。人生海海，学会放手，才能成就孩子更远大的未来。

原生家庭就像一个巨大的黑洞，想要逃却怎么也逃不出来。更年期经历过青春期，青春期也会经历更年期，无论是青春期还是更年期，都会遇见原生家庭。所以良好的亲子关系需要具备两个特质：1.尊重。我是独立的个体，孩子也是。讲道理其实是价值观的引导，爱是教的前提。因为我很爱你，所以我尊重你。2.接纳。每个孩子都在每个当下做出了他能做出的最优选择，当父母没有恐惧，孩子就没有束缚。只有父母先接纳自己，才能接纳孩子。父母是第一次做父母，孩子也是第一次做孩子。父母曾经做过孩子，孩子也终会成为父母。爱是有保质期的，看见问题背后的正面资源，不要让亲子关系留有遗憾。

亲情与独立，与公婆同住的平衡艺术

姜智恒

家，这个字眼在每个人心中都拥有不同的色彩和温度。对于许多人来说，家是温馨的港湾，是在外奔波一天后能够放松身心的地方。然而，在这个充满爱的空间里，有时也会因为复杂的情感交织而变成一座迷宫，让人在其中迷失方向。当我们与公婆同住，这种情感的迷宫似乎更加错综复杂。我们的视线虽然清晰，却感到一种难以言说的堵塞，就像被云雾缠绕，既熟悉又陌生。

在这个家庭共同体中，我们既是子女，又是父母，同时也是配偶。每一天，我们都在这些角色之间切换，试图找到那个最适合自己的位置。但与公婆同住的生活，往往意味着个人空间的压缩，隐私的缺失，以及代际之间沟通的难题。我们在努力维护家庭和谐的同时，也在探寻自我价值的实现和个人情感的释放。这是一场关于理解、沟通和平衡的旅程，每一步都充满了挑战，但也同样充满了成长和收获。

在爱的迷雾中，我们需要学会用心导航，找到通往彼此心灵的桥梁。这不仅是对个人内心世界的探索，也是对家庭关系深度的挖掘。让我们一起走进这个充满挑战与机遇的世界，看看如何在这片充满迷雾的地带，找到清晰的道路，让心回归到最初的温暖和宁静。家，这个字眼在每个人的心中都有千钧之重。它是温暖的怀抱，是避风的港湾，是我们在风雨飘摇中能够依靠的坚实臂膀。然而，家也是一个复杂的多面体，它不仅仅是爱的汇聚地，有时也是情感纠葛的迷宫。在这里，亲情如同一条条细丝，将我们紧紧缠绕，而个人空间和独立性则如同迷宫中的小径，时而清晰可见，时而隐匿于迷雾之中。

　　我们常常在爱的迷雾中徘徊，试图寻找那条通往自我价值实现与家庭和谐之间的道路。在这条路上，我们可能会遇到种种挑战，可能会迷失方向，可能会感到困惑和无助。但正是这些挑战，塑造了我们的成长，让我们学会了如何在复杂的情感迷宫中找到自己的方向。

　　亲情，这个世界上最纯粹、最无私的情感，它如同金色的阳光，温暖而耀眼。然而，当这份阳光与个人空间的需求发生碰撞时，我们如何在爱的光辉中保持自我，如何在亲情的包围下找到属于自己的一片天空？这是一个值得我们深思的问题。在这个过程中，我们需要学会平衡，需要学会在给予与接受之间找到那个微妙的平衡点。

家，是一个充满爱的词汇，但它也是一个充满挑战的领域。在这个领域中，我们每个人都是探索者，试图找到那条通往和谐与理解的道路。我们将通过深入探讨和分析，揭示如何在家庭生活中平衡个人需求与家庭责任，如何在亲情的包围下保持自我，以及如何在爱的海洋中找到自己的航标。

这是一门关于理解、沟通和平衡的艺术。我们不仅需要理解家人的需求和期望，更需要理解自己的内心世界。我们需要学会沟通，不仅仅是言语上的交流，更是心灵上的触碰。我们需要学会平衡，不仅仅是角色的切换，更是情感的调适。通过这些努力，我们可以在家庭生活中找到自己的位置，实现个人价值，同时维护家庭和谐。

让我们在这个充满爱的迷宫中，勇敢地迈出每一步，用心感受每一份温暖，用智慧解开每一个难题。在这个过程中，我们将不断成长，不断进步，最终找到那个通往幸福的秘密通道。让我们在爱的云雾中，学会用心导航，找到通往彼此心灵的桥梁，共同创造一个温馨、理解和支持的家庭环境。

与公婆同住，这一生活方式在中国传统文化中有着悠久的历史，它代表着亲情的延续和家庭的团聚。然而，在现代社会的背景下，这种居住模式也带来了一系列挑战，它们如同一道道无形的墙，阻碍着我们追求和谐家庭生活的步伐。

首先，隐私缺失是与公婆同住时最为直观的一个问题。在一个屋檐下，生活空间的共享意味着个人的生活几乎无隐私可言。

你可能在享受家庭温暖的同时，也失去了独自沉思的角落，或是与伴侣亲密无间的私人时光。这种持续的暴露感，不仅可能让人感到不自在，还可能影响到个人的心理健康和情感状态。

其次，代际沟通的难题也是不容忽视的痛点。不同的生活习惯、价值观念和教育背景，往往在日常生活中产生摩擦。比如，对于家务分配、子女教育、生活习惯等方面，公婆和年青一代可能有着截然不同的看法。这种差异如果不加以妥善处理，很容易导致误解和冲突，进而影响到家庭成员之间的关系。

再次，角色冲突也是与公婆同住时不可避免的问题。作为儿媳或女婿，我们既要尊重和孝顺长辈，又要维护自己的独立性和个人界限。在这种双重压力下，我们可能会感到角色难以平衡，甚至产生身份认同的困惑。如何在尊重传统的同时，保持自己的个性和独立性，成为我们必须面对的挑战。

情感压抑也是与公婆同住时常见的痛点之一。为了维护家庭和谐，我们往往会选择压抑自己的情感和需求，以避免不必要的冲突。然而，长期的情感压抑不仅会影响个人的心理健康，还可能导致关系紧张和家庭矛盾的累积。

最后，自我价值实现的难题也不容忽视。在家庭责任和日常琐事的重压下，个人的职业发展和兴趣爱好往往被忽视。我们可能会在不知不觉中放弃了自己的梦想和追求，从而感到生活的空虚和无力。

面对这些难题，我们需要认识到，与公婆同住的生活并非只有挑战，它同样也是一个成长和学习的过程。通过设定合理的界限、开展有效的沟通、平衡多重角色、调适情感表达以及追求个人成长，我们可以在这片充满挑战的领域中找到自己的立足点，实现个人与家庭的和谐共生。

面对与公婆同住带来的痛点，我们需要深入了解背后的知识点，并采取相应的策略来应对。以下是一些实用的知识点和建议，帮助我们在这种家庭模式中找到平衡和和谐。

一、界限设定

首先，界限设定是维护个人隐私和家庭和谐的关键。我们需要与家人共同商定合理的生活界限，比如分配私人空间、规定敲门规则、尊重彼此的生活习惯等。通过明确的沟通和相互的理解，我们可以在保持亲密关系的同时，也保护个人的独立性和舒适区。

二、有效沟通

有效沟通是解决代际沟通难题的桥梁。我们应该学习并运用有效的沟通技巧，比如倾听、同理心、非暴力沟通等。表达自己的需求和感受时，要注意语言的选择和语气的控制，避免冲突升级。同时，我们也要倾听和理解长辈的观点和感受，寻求共同点和妥协方案。

三、角色平衡

在家庭中，我们扮演着多重角色，如何平衡这些角色是一大挑战。我们需要明确自己的角色定位，并学会在不同角色间进行平衡和切换。比如，在公婆面前，我们可能是孝顺的子女；在配偶面前，我们是亲密的伴侣；在孩子面前，我们是慈爱的父母。通过角色的平衡，我们可以更好地履行每个角色的责任，同时减少角色冲突带来的压力。

四、情感调适

情感压抑是难以避免的，但我们可以通过合适的方式进行情感调适。写日记、运动、与朋友交流等都是有效的情感释放方式。同时，我们也可以寻求专业的心理咨询，帮助我们更好地理解和处理复杂的家庭情感。通过情感调适，我们可以保持心理健康，更好地面对家庭生活中的挑战。

五、自我成长

在履行家庭责任的同时，我们不应忽视个人成长和职业发展。我们可以利用业余时间参加培训、学习新技能，或是发展自己的兴趣爱好。通过自我成长，我们不仅可以提升自我价值，还能为家庭带来更多的正能量和支持。

总之，与公婆同住的生活虽然充满挑战，但通过合理的界限设定、有效沟通、角色平衡、情感调适和自我成长，我们可以找到自己的方向，实现个人与家庭的和谐共生。这需要我们不断地学习、实践和调整，但每一步的努力都将为我们带来更加美好的家庭生活。

在面对与公婆同住的挑战时，结合前述的知识点，我们可以找到一些正向案例，它们展示了如何通过实际行动和积极策略，将家庭生活中的痛点转化为和谐与成长的契机。

案例一：家庭会议设定界限

小李与公婆同住，起初，她发现自己的私人时间经常被打扰，感到非常困扰。为了解决这个问题，她提议定期召开家庭会议，讨论并设定家庭成员之间的界限。在会议上，每个人都提出了自己的需求和建议，最终达成了共识，比如，公婆在进入小李的房间前需先敲门，而小李也会在晚上特定时间后保持安静，以免影响公婆休息。通过这样的沟通和协商，家庭成员之间的界限变得清晰，生活变得更加和谐有序。

案例二：沟通技巧改善关系

小张与婆婆的关系起初并不融洽，两人在生活习惯和教育观念上有不少分歧。但小张通过学习沟通技巧，比如倾听、同理心和非暴力沟通，逐渐改善了与婆婆的关系。她学会了在表达自己观点时更加体贴和尊重，同时也能更好地理解婆婆的感受和需求。随着时间的推移，两人不仅减少了冲突，还共同参与了许多家庭事务，关系变得更加亲密。

案例三：定期"夫妻时间"和"个人时间"

小王夫妇与父母同住，他们意识到，保持夫妻间的亲密关系和个人空间同样重要。因此，他们约定每周都有固定的"夫妻时间"，比如一起外出约会或在家享受二人世界。同时，每个人也有自己的"个人时间"，用于追求个人兴趣或进行自我放松。这样的安排既满足了夫妻间的亲密需求，又保障了个人空间，使得家庭生活更加丰富多彩。

案例四：时间管理平衡工作与兴趣

小刘是一位职场人士，与公婆同住的她面临着工作和家庭的双重压力。为了平衡这两方面，她开始实行严格的时间管理。她制订了详细的日程计划，合理安排工作、家务和个人时间。在确保完成家庭责任的同时，她还利用业余时间参加了职业培训，提升了自己的技能。此外，她还坚持每周进行一次户外运动，保持身心健康。通过这样的努力，小刘不仅在职场上取得了进步，也在家庭中找到了满足感和幸福感。

这些案例向我们展示了，通过合理的界限设定、积极的沟通、角色平衡、情感调适和自我成长，我们可以有效地应对与公婆同住带来的挑战。每个家庭成员的努力和合作，都是构建和谐家庭关系的重要因素。通过这些正向的实践，我们不仅能够解决生活中的痛点，还能够促进个人的成长和家庭的幸福。

在探讨与公婆同住的生活模式时，我们揭示了其中的挑战和痛点，而更重要的是，我们找到了应对这些困境的方法和策略。新励成有一门课程叫作 DISC 性格沟通科学，通过设定清晰的界限、开展有效的沟通、平衡多重角色、调适情感表达以及追求个人成长，帮助大家维护家庭和谐，实现自我价值的提升。

总结而言，与公婆同住的生活是一场关于理解、沟通和平衡的旅程。在这个过程中，我们学会了如何在亲情与个人空间之间找到平衡点，如何在尊重传统的同时保持个性和独立性。这些经历和学习，不仅让我们在家庭生活中找到自己的位置，也让我们成为更加成熟和理解的人。

延伸来看，这些知识点和技能不仅仅适用于与公婆同住的家庭模式，它们对于任何类型的家庭关系都有着广泛的适用性。无论是与配偶、子女还是其他家庭成员的相处，有效沟通和相互理解都是构建和谐家庭关系的基础。

升华到更深层次，我们可以看到，家庭和谐不仅仅是个人的幸福，它也是社会稳定和谐的基石。一个和谐的家庭能够培养出健康、快乐的成员，这些成员又会将这种积极的影响带入社会，促进社会的和谐发展。因此，我们在家庭中的每一次努力，都是对社会负责的表现，都是对更美好未来的贡献。

让我们在爱的云雾中，学会用心导航，找到通往彼此心灵的桥梁。通过不断学习和成长，我们可以共同创造一个更加温馨、充满理解和支持的家庭环境，让家成为真正的爱的港湾。

社会篇：
社交达人，言谈是名片

表达，让生命活出奇迹

方谦宁

"语言是思维的外衣，表达则是灵魂的舞者。在生命的舞台上，每一次真诚而有力的表达，都如同划破夜空的流星，点亮内心深处的希望，唤醒沉睡的力量，让生命绽放出意想不到的奇迹。"这句话深刻地揭示了表达在个体成长、人际交往乃至社会进步中的非凡价值。表达不仅是思想的载体、情感的纽带，更是激发潜能、塑造命运、创造奇迹的重要工具。在人生的旅途中，学会并善于表达，就如同掌握了开启无数可能性的魔法钥匙，让生命在一次次真诚的对话、深刻的思考与勇敢的发声中，焕发出无尽的光彩与力量。

然而，在现实生活中，人们在表达方面常常面临诸多困扰与挑战，这些问题犹如暗夜迷雾，遮蔽了我们生命应有的光彩。

一、表达障碍与自我压抑

许多人内心丰富，拥有独特的见解与深厚的情感，但由于口齿笨拙、缺乏自信、害怕批评等，选择将这些宝贵的思想与情感深藏心底，自我压抑。这种表达障碍不仅限制了个人思想的传播与情感的释放，更可能导致自我价值感的缺失，影响心理健康。长期处于自我压抑状态的人，可能会逐渐丧失表达的动力与勇气，变得消极、自卑，甚至可能出现焦虑、抑郁等心理问题。在职场中，这样的个体可能错失展现才华、提升职位的机会；在社交场合，他们可能难以建立深厚的人际关系，孤独感倍增。更严重的是，这种表达障碍可能使个体在关键时刻无法为自己发声，遭受不公待遇时无力抗争，生活陷入被动与无助。

二、无效沟通与人际关系紧张

在日常交往中，由于表达方式不当、理解偏差、情绪干扰等，人们时常陷入无效沟通的困境。一方可能因为表达不清、逻辑混乱，导致对方误解其意图；另一方则可能因为未能准确接收信息、过度解读，做出不符合预期的回应。这种沟通的错位不仅严重影响工作效率，导致项目延误、决策失误，还可能引发人际关系的紧张，导致团队协作受阻、家庭关系疏离，甚至激化矛盾，酿成冲突。在职场中，无效沟通可能导致团队内部矛盾升级，影响团队凝聚力与执行力；在家庭中，它可能导致夫妻关系冷淡、亲子沟通困难，影响家庭和谐。更为深远的影响是，无效沟通可能在社会层面形成信息不对称、偏见与歧视，阻碍社会进步。

三、思维固化与创新能力弱化

　　长期缺乏深度、多元的表达与交流，容易导致思维固化，视野狭窄，创新思维与批判性思考能力减弱。在信息爆炸的时代，如果不能保持开放的心态，接纳不同的观点，勇于表达自己的独特见解，就难以跟上时代的步伐，适应社会的快速变化。这在瞬息万变的现代社会中，无疑会制约个体的职业发展与社会适应能力，使其在竞争中处于劣势。思维固化的人往往难以接受新知识、新技术，缺乏创新思维，无法提出具有前瞻性的解决方案，容易被市场淘汰。同时，缺乏批判性思考能力的人容易被舆论、广告、权威观点所左右，丧失独立判断力，无法对社会现象进行深入剖析，影响其对社会问题的认识与解决。

四、个人品牌塑造与影响力受限

在当今社会，个人品牌的塑造与影响力的提升已成为个人发展的重要组成部分。然而，许多人在表达方面存在的问题，如表达障碍、无效沟通、思维固化等，导致其无法有效地展示个人特质、传播价值观念、吸引潜在合作伙伴与粉丝。若缺乏清晰、有力的表达，个人的品牌形象可能模糊不清，难以给人留下深刻印象，影响其在职场、社交、创业等领域的发展。同时，表达能力的不足也限制了个体在社交媒体、公开演讲、写作等平台上的表现，使其无法充分发挥这些平台的传播力，扩大个人影响力。这不仅可能导致个体错失商业机会、职位晋升、社会认可等重要资源，还可能影响其在社会议题上的发声与行动，无法充分发挥其在公共事务中的作用。

面对以上表达方面的问题，我们需要从以下几个方面入手，系统提升表达能力，让生命在真诚、有力的表达中活出奇迹。

（一）认知重塑与心理调适

首先，认识到表达是一种权利，也是一种责任。每个人都有权表达自己的思想、情感，也有责任倾听他人，尊重差异。通过阅读心理自助书籍、接受专业心理咨询、参加自我成长工作坊等方式，调整心态，克服表达恐惧，增强自我价值感。理解到，也许我们的观点可能与他人不同，甚至可能引发争议，但这并不意味着我们的表达没有价值。相反，正是这些多元的观点碰撞，才推动了社会的进步。我们要相信，每个人都有自己独特的视角和声音，都值得被听见和尊重。

（二）表达技巧学习与实践

系统学习并掌握有效的表达技巧，包括以下几点：

（1）**清晰逻辑结构的构建**：逻辑清晰的表达能帮助听众更好地理解观点，增强说服力。例如，可以采用"金字塔原理"，即先提出中心论点，再逐层展开支持论据，最后总结强化。或使用"SCQA 模型"，即情境（Situation）、冲突（Complication）、问题（Question）、答案（Answer），通过描述现状、指出问题、提出疑问、给出解决方案，引导听众跟随思路。

（2）**生动语言的运用**：生动的语言能吸引听众注意力，增强表达感染力。借助比喻、拟人、排比等修辞手法，将抽象概念具象化，使枯燥信息变得生动有趣。比如，将困难比喻为"挡在路上的巨石"，将团队协作比作"交响乐团的演奏"，这样能让听众更容易理解和记住所要表达的观点。

（3）非语言沟通的把握：非语言沟通如肢体语言、表情、语调、节奏等，往往比语言本身更能传达情感和态度。保持眼神交流可展现自信和真诚，适当的身体动作可突出重点，语调变化可表达情绪，适时停顿可留给听众思考时间。要学会恰到好处地运用非语言沟通，使其与语言内容相互补充，提升表达效果。

（4）提问与反馈的艺术：提问能引导听众思考，激发其兴趣和参与积极性。可提出开放式问题鼓励听众发表看法，也可用封闭式问题确认听众是否理解。同时，要学会给予有效的反馈，如肯定对方观点、提出建设性批评、分享个人相关经历等，以促进双向沟通，深化理解。

（三）深度倾听与同理心培养

学会深度倾听，理解他人的观点、情感，培养同理心。这不仅能提升沟通效果，避免误解与冲突，还能拓宽视野，提升人际交往质量。深度倾听要求我们放下预设，全神贯注地聆听对方话语，观察非语言信号，尽力理解其言外之意。同理心要求我们设身处地感受对方情绪，理解其处境，尊重其感受。通过深度倾听与同理心的培养，我们能更好地理解他人，建立更深的人际连接，提升沟通效率与效果。

（四）多元化思维训练与批判性思考

通过阅读各类书籍（如经典文学、社会科学、自然科学、哲学等）、参加读书会、观看纪录片、参加线上或者线下讲座论坛、旅行体验不同文化等方式，接触多元文化、观点，挑战固有观念，锻炼思维的灵活性与包容性。同时，学习批判性思考方法，如 Socratic questioning（苏格拉底式提问）、CRAAP test（信息来源可信度评估）等，理性分析问题，勇于提出独到见解。多元化思维与批判性思考不仅能提升认知水平，增强创新能力，还能让我们在面对复杂问题时保持冷静、理性，做出更为明智的决策。

在实践中，我们发现，无论是在职场、社区还是日常生活场景中，只要遵循上述策略，任何人都可以提升表达能力，让自己的生命焕发出令人惊叹的光彩。接下来，我们将通过两个鲜活的实例，见证个体如何在不同领域中运用这些策略，实现表达能力的飞跃，进而创造出属于自己的生命奇迹。

案例一：从职场新人到团队领袖

小赵，一名刚步入职场的新秀，虽然具备扎实的专业知识，但性格内向、不善言辞，面对复杂的职场沟通与团队协作时常感到力不从心。为改变现状，他开始调整心态，通过阅读相关书籍、参加线上讲座，逐渐认识到表达不仅是言语输出，更是自我价值的体现与人际关系的桥梁。他接纳自己的表达风格，同时勇敢地走出舒适区，积极参加各类团队活动，提升自信。

为了进一步提升专业性，小赵报名参加了专业的商务沟通培训课程，系统学习并实践如何清晰阐述观点、有效倾听与反馈、运用非语言沟通强化表达效果等技能。在日常工作中，他常撰写结构严谨的报告、主持高效的会议、进行有说服力的提案，逐渐赢得了同事与上级的认可。

在与同事沟通时，小赵刻意放慢语速，保持眼神接触，用心体会对方的情绪与需求。他积极参与团队建设活动，增进彼此了解，营造良好的团队氛围。通过深入理解他人，他在处理工作冲突时展现出更高的情商，促进了团队和谐。

同时，小赵订阅行业资讯，参加跨界论坛，积极吸收不同领域的知识与观点，拓宽视野。他养成定期反思工作的习惯，运用批判性思维审视问题，提出创新解决方案，逐渐成为团队的"思想引擎"。

经过不懈努力，小赵的表达能力显著提升，不仅在职场上崭露头角，更在团队中树立起积极、专业、有影响力的个人形象。他成功主导了几个重要项目，带领团队克服困难，实现了业绩突破。他的建议与意见得到了公司高层的重视，多次在内部分享会上作为优秀案例进行展示。在团队中，他赢得了广泛的尊重与信任，还被推选为项目负责人，逐步成长为团队的核心领袖。

小赵的故事表明，即使起点较低，但只要勇于面对挑战，积极学习、实践表达技巧，同时注重深度倾听与同理心培养，持续开阔视野、锻炼批判性思考，职场新人也能华丽转身，成为团队中的佼佼者，实现个人价值的最大化。

案例二：从家庭主妇到社区活动家

王阿姨，一位长期在家照顾家庭的家庭主妇，原本并不擅长公开表达，但在社区生活中，她逐渐意识到表达能力对于维护社区权益、增进邻里关系的重要性。于是，她决心改变自己，积极参加社区组织的各类培训课程，如演讲技巧、沟通艺术等，提升自己的表达能力。

王阿姨从基础的语音语调、肢体语言练习开始，逐步培养自己在公众面前发言的自信心。她学会了如何清晰地陈述问题、提出建议，以及如何以平和、理性的方式处理争议。她还特别注意倾听邻居们的需求与意见，通过举办家庭聚会、茶话会等活动，她为邻里之间搭建交流的平台，增进理解和友谊。

在日常生活中，王阿姨积极投身社区公益活动，如垃圾分类宣传、老人关爱项目等，通过实际行动践行自己的价值观。她在社区会议上，以亲身经历和深入观察为基础，发表关于改善社区环境、提升居民生活质量的建议，其真诚、务实的态度赢得了大家的认同和支持。

随着表达能力的提升，王阿姨在社区中的影响力日益显现。她成功发起并组织了多项社区改进项目，如增设儿童游乐设施、设立社区图书馆等，切实提升了社区居民的生活品质。她的故事被当地媒体报道，成为社区活动家的典范，激励了更多人参与到社区建设中来。

王阿姨的经历告诉我们，即便是看似平凡的家庭主妇，通过提升表达能力，也能在社区生活中发挥重要作用，成为推动社会进步的积极力量。她的成功转型，不仅提升了个人价值感，也为家庭和社区带来了实实在在的利益。

显然，表达能力是现代社会中不可或缺的一项技能，它与个人成长、团队协作、社会进步、教育等多个方面都有着密切的关系。我们应该积极提升自己的表达能力，让它成为我们实现梦想、创造奇迹的有力武器。生命的奇迹并非遥不可及的梦想，而是通过真诚、有力的表达，将内在的思想、情感转化为外在的行动，从而创造出超越自我、影响他人、改变世界的可能。面对表达的挑战，我们应勇敢面对，积极提升表达能力，从认知重塑、技巧学习、深度倾听、多元化思维等方面全面出击，让生命在真诚对话、深入思考与勇敢发声中，焕发出无尽的光彩与力量。每一个勇于表达、善于表达的个体，都是社会进步的推动者，都是生命奇迹的创造者。愿我们都能在表达的舞台上，演绎出属于自己的精彩人生，让世界因我们的存在而更加美好。

懂得"高"度对话，轻松向上社交

柳　臻

恐高症又称畏高症。据国外调查资料显示，现代都市人中有91%的人出现过恐高症，其中10%属于临床性恐高。他们每时每刻都得想方设法避免恐高症"突发"，他们不敢乘坐透明电梯，更不敢站在阳台上，他们连四楼的高度也受不了，更不用说乘坐飞机了。

现代社会在此基础上也悄无声息地演变出了一种新型恐高——恐惧高处的人（权威）或事物（比如追求更好的东西），见到比自己强的人或事物会产生本能的自卑退缩，这属于心理恐高。大多数情况下，我们都希望自己能够在重要场合有良好的发言表现，但正是由于受到心理恐高的干扰，导致我们很难有良好的表现。想要克服心理恐高，我们可以通过以下几个方法，帮助自己在重要场合夺回话语权，轻松应对不同环境。

一、强化心锚

玲玲是一名刚刚毕业的大学生，最近面试了几家公司，均以失败告终。在跟她沟通的过程中，我了解到其实她的学习能力很强，专业能力很不错，之所以面试失败是因为她不知道如何与面试官进行交流。原来在她上小学的时候，班主任对同学们要求非常严格，不允许大家在课堂上交头接耳。有一次在上课的过程中，有调皮的男同学揪她辫子，她一吃痛叫了出来。结果班主任不分青红皂白就把他俩一起拉到了讲台上回答问题，她憋红了脸也说不出一句话来。自那以后她不敢再上台讲话，也害怕和老师进行沟通，甚至听到老师两个字都会紧张得冒汗。

其实这就是玲玲的心锚。那到底什么是心锚呢？心锚是一种独特的刺激和你特定的情绪联结起来的产物。简单来说，就是一朝被蛇咬十年怕井绳。当被蛇咬过之后，只要再遇到和蛇相似的物体时，就会不自觉地将自己代入之前被蛇咬的场景中。所以对玲玲而言，只要在面对权威进行上台讲话时，就会不自觉地将自己代入小学时被班主任批评的场景之中。

在贵阳学训中心上课的时候，我遇见了一位30岁的"小男孩"，为什么说是小男孩呢？因为他虽然已经30岁了，但在跟别人进行日常沟通时仍然会像小孩一样手足无措，尤其是向上社交时，会更加恐惧、更加不知所措。对他来说，当下最大的困扰源于在公司和领导的相处。他是一个不善言辞、埋头苦干的"老实人"，只要让他和领导进行单独相处，他就会如坐针毡，尴尬得脚趾抠地。他对于权威，有着深深的恐惧，只要面对权威，他就会变得非常拘谨。在和他进行深入沟通的过程中，我逐渐找到了他恐惧权威的来源——母亲的强势养育模式。从小到大，妈妈对于他而言就像武则天，妈妈的指令就像圣旨，他必须无条件地服从。所以在他的心锚世界里，妈妈代表了权威。对于权威，他是必须无条件服从的，所以领导等于权威，他也是需要无条件服从的，不能反驳，更不能有自己的想法。

大多数情况下，社会关系分为三大关系——向上关系、平行关系、向下关系。向上关系是指贵人、对你有帮助扶持的人；平行关系是指和你同等级、相互平等互利的人；向下关系是指需要你帮助扶持的人。所以，对于这个男孩而言，领导和母亲就属于他的向上关系。所以在潜移默化中，他也形成了一个负向心锚——母亲等于领导，等于权威。

在向上社交沟通时，我们应该如何做到强化心锚呢？其实原理很简单，就是：一个强大的心锚会摧毁一个弱小的心锚！心锚不仅有以上提到的负向心锚，还有正向心锚。我在泉州学训中心上课的时候，班级里有一位女同学身材高挑，每次上课她都会穿着不同款式的连衣裙。有一次演讲比赛，她获奖了。从那以后，只要是比赛或者重要场合发言，她都会穿着那条连衣裙出席。所以她把连衣裙和获奖联系在了一起，形成了一个正向的心锚。当我们有负向心锚时，我们就可以用一个更加强大的心锚来摧毁替代它。

二、强化信念

我在重庆学训中心上课的时候，遇见一位白手起家的地产大亨。张大哥在行业内算得上是一骑绝尘，按理来说产业做这么大的规模，应该很有自信。但张大哥非常自卑，在和他坐下来沟通之后，我才发现原来他有着一个难言之隐——学历低。在他这么多年的创业旅途中，他走南闯北没什么害怕的，唯一让他胆战心惊的就是当众讲话。这些年由于产业越做越大，需要他面向政府媒介发言的场合也越来越多，但是由于自己没读过几年书，他总认为在其他有文化的人面前，自己抬不起头非常自卑。但是他越怕什么，就越来什么。当下他几乎每周都会受邀接受记者采访，每次面对镜头讲话他都如坐针毡，实在没办法了，他才下定决心来到校区学习。

其实，这就是张大哥的信念。他认为自己没有读过书，所以就没办法站上舞台，当众讲话。那到底什么是信念呢？其实信念就是我们坚信不疑并为之践行的想法。简单来说，信念就是你百分百相信认可，并且这些年身体践行的认知。因为他没怎么读过书，所以他认为他不能当众讲话。因为他没怎么读过书，所以他认为有文化的人就一定口才好。

还有一个学员，我们都叫她潘姐，她今年40岁了，一直未婚。这些年她也相亲过无数次，但每次的相亲对象都不尽如人意。要么是条件太差她看不上，要么是条件太好，她不敢主动追求。在和她沟通的过程中，我发现她有着一个固执的信念——我不配获得优秀之人的爱。

原来在她的原生家庭中，父亲是一名从大山中走出来的知识分子，但由于家境贫寒，生活一直都很拮据。当时父亲迎娶了家境优渥但没有读过书的母亲，母亲看中父亲读过书，将来方便教育孩子。但是在父母的亲密关系中，父亲一直都以文化人自居，渐渐地和母亲的隔阂越来越大。所以在潘姐小的时候，经常会见到父母起冲突发生争执。因为潘姐从小比较调皮，学习成绩一直属于中等，所以从小到大她都很害怕和学习好的人一起相处。

在潘姐的信念系统中，学习好等于父亲，等于看不起母亲，等于看不起学习不好的人。所以每当她相亲过程中遇到高文凭的优质男人时，她都会非常紧张，不知道与对方交流什么话题，也不知道应该如何与对方相处。即使她很喜欢对方，也不敢主动追求。所以在她的世界中，若想要更好地向外沟通，更好地去追寻幸福，她首先应该做到的就是强化信念。

在向上社交沟通时，我们应该如何做到强化信念呢？其实信念不分好坏，只分局限和成长。局限型的信念会阻碍我们更快地获得成功，而成长型的信念会推动我们更快地获得成功。苏菲上完初中之后就外出打工了，在过去十多年的时间里，她做过服装店销售、美甲工，一直都在靠自己的努力认真生活着。一个偶然的机会，她接触到了政府活动，因为她从小就能歌善舞，所以在对接工作的时候总能让大家开心愉快地达成合作。她一直认为，虽然自己没有读过什么书，但是只要从现在开始向有能力的人去请教学习，终有一日，自己也可以成为站在人前侃侃而谈的成功人士。所以，想要强化信念，我们需要做到的是给自己一次机会。大多数人认为，到一定年纪再学习已经没有意义了，但实际上，种一棵树最好的时间是十年前，其次是现在。所以不是看见希望才去做，而是做了才能看见希望。从现在开始给自己输入一条成长型的信念——只要我不断地向优秀有内涵的人学习，那么终有一日，我也可以成为优秀有内涵的人！

三、焦点祛魅

文文是一名医院的护士，平日里性格非常温和，在医院里也属于默默无闻的工作者。最近让她比较苦恼的一件事情是需要竞聘护士长，但因为她平时不善言辞，所以每一次竞聘都以失败告终。在和她沟通的过程中，我发现她会很恐惧和身边有想法有执行力的人一起交流，她的性格比较佛系，做事情会定目标，但是不一定会完成目标，容易半途而废。所以当她看到身边做事情很有冲劲、很有目标的同事，就会不自觉地产生自卑，总觉得别人都很厉害，自己没有能力，也不配和她们一起竞聘上岗。所以当下我问了她一个问题："你的同事们对你评价最多的一个词是什么呢？""她们都说我很细心，也很温柔。"她毫不犹豫地回答了我。

其实，这本身就是文文独特的个人魅力，每个人都有自己独一无二的特点。任何事物的发展本身都有两面性，辩证法很早就有提到。只是大多数的朋友在和别人相处的过程中，会习惯性地把意识焦点放到对方的闪光点上，用自己的薄弱点去对标对方的优点，但其实每个人都有自身的优势，当我们看不到自身的优势，又无限放大对方的优势时，就会陷入自我怀疑的旋涡之中。

洛溪今年刚刚大学毕业，便入职了一家公司实习，最近他常常苦恼于和上级领导应该如何进行职场相处。原来他有好几次整理工作材料时，发现上级领导的部分信息是错误的，他很想立马去告诉领导，但一想对方是领导，而自己只是个小小的实习生，这样贸然去指出领导的问题，可能显得有点不尊重他。于是，他便果断地选择闭嘴。但是后来发生的一切都证实他的想法是正确的，领导怪他检阅不仔细，他也觉得很委屈，明明不是自己的问题，最后又来怪他。其实在洛溪的身份认知中，他自动将自己和领导定义为员工和领导，并且认为领导就应该是对的，自己不能以下犯上，去顶撞领导。

其实，正是由于他的想法认知为领导披上了一层绚丽的外衣，让他不敢和上级领导进行正常的日常沟通。对于上级领导而言，他更需要的是高效精确地完成任务目标，所以其实是洛溪对领导的看法让他不敢与领导进行正常沟通。

在向上社交沟通时，我们应该如何做到焦点祛魅呢？晓东毕业之后的第一份工作就是做政府接待，经常需要上台发言，向各级领导进行工作汇报。每一次他站在台上的表现都非常完美，受到其他同事的崇拜。经常会有同事来向他请教——为什么你上台进行工作汇报，面对台下这么多领导都不紧张？"哈哈，可能是无知者无畏吧，我刚刚开始这份工作的时候，啥也不懂，也不知道他们是什么领导。我就想着赶紧把我的内容说完就好了，所以我就把他们当成了大白菜。你想，台下都是一堆大白菜，有啥可害怕的？！"

所以，想要在向上社交沟通时做到焦点祛魅，首先就要先弱化对方在自己心目中的固有身份印象，其次把对方想象成滑稽搞笑的形象，重新塑造对方在自己心目中的身份印象。学会自我调整焦点，这样就可以在短时间内做到焦点祛魅了。

四、降低期待

　　在兰州学训中心上课的时候，我认识了一位在政府单位工作，最近因为有晋升的需要来学习的同学薛大哥。他在单位兢兢业业工作十多年，一直都只是基层员工，好不容易有晋升的机会轮到他，但前几次都因为面试环节语无伦次、过度紧张而导致面试失败，这次他做了充足的准备，但是只要一想到要面试就汗流浃背，于是才下定决心来学习。在和他沟通的过程中，我逐渐发现了他紧张的来源——过度期待面试结果。而且他经常给自己说一句话"只许成功，不许失败"。这也是他压力巨大的源头。"只要看着台下的领导，我就紧张得要死，一句话都说不出来了。"其实薛大哥之所以看着台下的领导会这么紧张，是因为台下的领导能够决定他是否成功晋升。大多数的朋友在面对重要场合发言时会紧张，其实是因为过度期待发言结果，而台下的观众又恰好是决定发言结果的人。

　　安迪是一家高端奢侈品店的销售人员，她脾气温和、服务周到，按理来说工作应该会进行得很顺利。最近店里有晋升店长的名额，她也想争取一下，但是对晋升店长的要求如下——手中必须有至少20位转介绍资源的A类客户。对于这类型的优质客户，想要和他们有黏性需要花很长时间进行客户关系维护，但是由于共同竞争店长职位的同事还有好几位，所以大家在做客户服务的过程中严重内卷，毕竟狼多肉少。

安迪是一个比较文静的女生，她已经很努力地去争取客户了，但是每次都会被其他同事捷足先登，为此她十分苦恼。在和她沟通的过程中，我发现她十分害怕向客户表达需求，即使客户和她的关系十分好，她也不敢为自己去争取此次晋升的机会，无一例外，最后都被其他的同事截和了。

她认为当她越想拿到结果时，就越不敢和客户交流，因为她害怕被拒绝，所以她就不敢表达。其实对安迪而言，她在面对与客户沟通时紧张，完全是因为她太在乎结果、害怕被客户拒绝。所以她和客户之间的关系变得不再平等，倒像是她有求于客户，这样的心理压力让她特别恐惧于向上社交沟通。

在向上社交沟通时，我们应该如何做到降低期待呢？荣萍是一个非常有目标并且要强的女孩子，在过去很长一段时间里，她都是公司的销冠。其他同事都很羡慕她的工作能力，但她自己觉得很辛苦，因为她太在乎结果了，所以很难让自己放松下来，一直都处于紧绷的状态。直到在线下授课的过程中，她逐渐找到了轻松拿结果的秘籍，才让自己轻松了很多。其实一切都是最好的安排，只要这个过程中我们全力以赴，那么不论结果如何，我们都可以全然接受。因为任何结果都有其带给我们的价值。拿到价值本身就是最大的收获。

　　横看成岭侧成峰，远近高低各不同。"高"度对话不是山峰，而是心理预期。没有哪一座山峰，能高过你心中的那一座。所以良好的向上关系需要具备以下两点：一是三人行我必为师。既然三个人在一起，别人都可以成为我的老师，那我也可以成为别人的老师。每个人擅长的方向不同，不要只看到别人的优点，也要学会看见自己的优点。二是终身向小孩子学习。即使面对未知也不会害怕和气馁，人生需要不断地学习滋养。他强任他强，清风拂山岗；他横任他横，明月照大江。

掌握提问的智慧，用问题启发成长

陈奕文

在生活的旅途中，我们时常遭遇各种难题，如同探险者置身茫茫迷雾之中，试图寻找出口。

爱因斯坦说："提出一个问题比解决一个问题更重要。"这是解决问题的真谛——答案往往隐藏在问题的深处，一个更好的问题能够引导我们走向正确的答案。

想象一下，当你面对一项复杂的项目时，如果只是一味地追求现成的答案，可能就会陷入表面的解决方案，而无法触及问题的核心。

然而，如果你能提出一个更好的问题，比如"核心目标是什么？"或者"有哪些潜在的挑战和机会？""我到底要的是什么？"这样的问题将引导你深入思考，从而找到更有效的解决方案。

在遥远的森林里，住着一对智慧的熊父母和它们的小熊宝宝。小熊宝宝一直以来都是森林里最快乐、最活泼的孩子，但最近，它却变得沉默寡言，不像以前那样充满活力。

熊父母察觉到了小熊的异常，它们开始四处寻找解决的方法。他们用尽全力逗小熊宝宝高兴，它们阅读了森林里的所有智慧之书，请教了其他有经验的动物长辈，甚至尝试了森林流传下来的各种古老疗法。然而，无论它们如何努力，小熊的状况始终没有得到改善。

熊父母开始感到困惑和沮丧。它们不明白，为什么自己明明已经做了这么多，却仍然无法帮助小熊恢复往日的快乐。

就在这时，一只睿智的老猫头鹰飞到了它们的家。老猫头鹰听说了熊父母的困扰，它轻轻地笑了笑，说："亲爱的熊父母，你们是否曾经想过，问题或许并不在于你们没有找到正确的答案，而在于你们没有提出正确的问题呢？"

熊父母听了，一时语塞。它们确实从未深入思考过这个问题，只是一味地寻找现成的答案。

老猫头鹰继续解释说："每一个生命都有其独特的节奏和需要。小熊的问题可能源于它内心的某种渴望或困扰，这需要你们深入去了解、去体会，而不是仅仅从外部去寻找解决的方法。"

熊父母恍然大悟。它们开始尝试提出更好的问题，比如："小熊最近是否有什么特别的烦恼或愿望？""我们是否真正了解小熊的内心世界？""我们能否通过更多陪伴和理解来帮助小熊？"

通过这些问题，熊父母开始深入了解小熊的内心，它们发现小熊其实是在渴望更多的自由和探索的机会。于是，熊父母调整了对待小熊的方式，给予它更多的自主权和选择权。不再过度保护，而是让小熊自己选择自己想要的东西。

不久之后，小熊重新找回了往日的快乐，它在森林里奔跑嬉戏，充满了生机和活力。而熊父母也学会了通过提出更好的问题来解决问题，它们的智慧故事在森林里传为佳话。

这个寓言故事告诉我们，面对问题时，我们不应该仅仅依赖现成的答案，而应该学会提出更好的问题。通过深入探究问题的本质和根源，我们才能找到真正有效的解决方案。

当我们面临挑战和困境时，往往陷入寻找现成答案的惯性思维中，却忽略了问题的本质和更深层次的原因。实际上，问题的真正解决往往源自对问题本身的深入思考和提出更好的问题。

要理解这一点，我们首先需要分析痛点背后的原因。很多时候，我们之所以难以解决问题，是因为我们没有触及问题的核心，没有真正了解问题的本质和产生的根源。我们可能过于关注表面的现象和短期的解决方案，而忽视了问题的深层结构和长期影响。

因此，提出更好的问题成为解决问题的关键。这需要我们转变思维方式，从传统的"答案导向"转向"问题导向"。我们需要学会从多个角度、多个层面去审视问题，挖掘问题的深层含义和潜在影响。同时，我们还需要学会运用"批判性思维"，对问题进行深入剖析和质疑，从而发现问题的根源所在。

要提出更好的问题，我们需要掌握一些提问的技巧。

首先，我们可以使用开放性问题，这类问题能够激发我们的想象力和创造力，引导我们深入探索问题的多个方面。

苏格拉底是古希腊著名的哲学家，他常常通过提问的方式引导学生们思考，这种开放性的提问方式也成了他独特的教学方法。

有一天，几个学生向苏格拉底请教人生的真谛。苏格拉底并没有直接给出答案，而是把他们带到一片果林边。这时正是果实成熟的季节，树上沉甸甸地挂满了果子。苏格拉底对学生们说："你们各自顺着一行果树，从林子的这头走到那头，每人摘一枚自己认为最好的果子。但记住，不许走回头路，也不许做第二次选择。"

学生们欣然接受了这个挑战，他们兴高采烈地走进果林，开始寻找自己认为最好的果子。然而，当他们走出果林，每个人手中的果子却不尽相同。有的学生摘到了自己认为最好的果子，但有的学生却对自己的选择感到后悔。

苏格拉底看着学生们，微笑着问："你们对自己的选择满意吗？"学生们有的点头，有的摇头。苏格拉底继续问："那么，你们在选择的过程中，有没有想过为什么选这个而不选那个？你们有没有深入思考过什么是真正的好果子呢？"

学生们被苏格拉底的问题引导着开始反思。他们意识到，在选择的过程中，自己往往被事物的外表、颜色或者大小所迷惑，而没有去思考什么是真正的好果子。苏格拉底通过这样一个开放性的问题，引导学生们深入思考人生的真谛，让他们明白，真正的智慧并不在于找到答案，而在于提出问题，通过问题去探寻事物的本质和真理。

这个故事告诉我们，苏格拉底的开放性问题不仅能够引导人们深入思考，还能帮助人们发现问题的本质和真相。通过开放性提问鼓励学生们主动探索、积极思考，从而培养他们的思维能力和智慧。

其次，我们可以尝试使用假设性问题，通过假设不同的情境和条件，来探索问题的可能性和解决方案。

假设性提问是一种通过虚构的场景来引导人们深入思考并逼近真实情感和思想的提问方式。

1. 职场中的假设性提问

在面试中，面试官可能会提出："如果你被分配到一个你不喜欢的项目，你会如何处理？"或者"假设你是项目经理，而你的团队成员之间出现了严重的分歧，你会如何解决？"这类问题旨在考察应聘者的应变能力、解决问题的能力以及团队合作精神。

2. 教育中的假设性提问

老师在课堂上可能会对学生提出："如果你是那个时代的科学家，你会如何解释地球的自转和公转？"或者"假设你是一名宇航员，你将如何描述在太空中的生活？"这类问题可以激发学生的想象力，同时帮助他们更好地理解和掌握知识点。

3. 日常生活中的假设性提问

朋友之间在闲聊时可能会说："如果你中了彩票大奖，你会怎么花这笔钱？"或者"假如你可以和任何历史人物共进晚餐，你会选择谁，为什么？"这类问题可以让人们在轻松的氛围中分享彼此的想法和梦想。

假设性提问的好处在于，它们能够打开人们的想象空间，引导人们从不同的角度思考问题。通过回答这类问题，人们不仅能够锻炼自己的思维能力，还能够更深入地了解自己的价值观和信仰。同时，假设性提问也能够促进人与人之间的交流和理解，帮助人们更好地应对现实生活中的挑战和困境。

此外，我们还可以运用反问法，对问题进行反向思考，从而发现问题的另一面或潜在的漏洞。反问法是一种通过反问来引导对方思考或强调某种观点的表达方式。

1. 日常交流中的反问

朋友对你说："我觉得那个新电影很好看。"

你可以反问："是吗？你觉得它好看在哪里？是剧情吸引你还是演员的表演出色？"

通过反问，你引导朋友进一步阐述自己的观点，同时也表达出你对该话题的兴趣。

2. 教育中的反问

老师在课堂上提问："为什么水会沸腾？"

学生回答："因为温度升高了。"

老师反问："温度升高是沸腾的原因吗？那为什么在其他条件下温度升高水不会沸腾呢？"

通过反问，老师帮助学生深入思考，发现问题的本质，从而更好地理解科学原理。

3. 职场沟通中的反问

同事提出一个方案："我们应该采用这种新的营销策略。"

你可以反问："这个方案确实很有创意，但我们考虑过目标市场的接受度吗？我们有没有做过市场调研？"

反问可以帮助你更全面地评估方案，同时也展现出你的专业素养和批判性思维。

反问法的优点在于它不仅可以引导对方思考，还可以强化自己的观点，使表达更加有力。同时，反问法也能够激发对话双方的思考，促进更深层次的交流和讨论。然而，在使用反问法时需要注意语气和态度，避免给人以攻击性或挑衅性的感觉。

除了提问技巧，思维方式的转变也是提出更好问题的关键。我们需要从固定思维中解放出来，敢于质疑现有的观点和解决方案。我们需要学会用全新的视角和思维方式去看待问题，从而发现问题的新面貌和找到新的解决方案。

通过提出更好的问题，我们可以引导自己找到更有效的解决方案。这些解决方案可能并非一蹴而就，但它们能够从根本上解决问题，避免问题反复出现。同时，提出更好的问题也能够激发我们的创新能力和思考能力，推动我们不断进步和成长。

提出更好的问题是解决问题的关键所在。通过掌握提问的技巧和转变思维方式，我们可以更深入地理解问题的本质和根源，找到更有效的解决方案。这种思维方式不仅有助于我们解决当前的问题，还能够培养我们的创新能力和思考能力，为未来的挑战做好准备。

在接下来的篇章中，我将通过一系列生动具体的案例，来分享如何提出更好的问题来解决问题。这些案例将向你展现出在个人成长、组织发展和社会进步中，提出更好的问题所带来的巨大影响。

案例一：个人成长中的更好问题

李华，一位充满活力与朝气的年轻职业人士，正在自己的职业生涯中探寻前行的道路。然而，她渐渐发现，无论自己如何努力，似乎总是难以突破现有的工作瓶颈，距离自己设定的职业目标似乎总是有着一段难以跨越的距离。

她开始意识到，如果按照当前的工作方式和思维模式，恐怕自己将永远无法触及心中的那个理想彼岸。这种认知让李华陷入了深深的思考，她开始反思自己的工作状态，尝试去寻找问题的根源。

在这个过程中，她突然想到一个问题："我真正热爱的工作是什么？"这个问题仿佛打开了一扇全新的大门，引领她走进了一个全新的思考空间。她开始回顾自己的成长经历，思考那些让她感到兴奋和满足的时刻，寻找那些真正能够点燃她内心热情的元素。

经过深入反思和探索，李华惊喜地发现，她对市场营销这个领域有着浓厚的兴趣。每当她接触到与市场营销相关的知识和信息时，她的眼睛总会闪烁出兴奋的光芒，她的内心总会涌起一股强烈的求知欲。

于是，李华决定勇敢地迈出转型的一步，她决定将自己的职业重心转向市场营销这个领域。她知道，这将是一个全新的挑战，但她也相信，这将是她实现职业目标、实现个人价值的关键所在。

在接下来的日子里，李华开始了艰苦而充实的学习和实践。她阅读了大量的市场营销书籍，参加了各种相关的培训课程，还积极寻找实践机会，将所学知识运用到实际工作中。她不断地试错、反思、调整，逐步摸索出了一套适合自己的市场营销方法和策略。

经过一段时间的努力，李华终于在这个领域取得了显著的成果。她的市场营销方案得到了领导的认可，她的工作业绩也有了明显提升。更重要的是，她找到了自己的真正兴趣所在，找到了那个能够让她充满激情和动力的工作方向。

这个案例告诉我们，有时候，我们之所以会陷入职业发展的瓶颈，往往是因为我们没有提出更好的问题，没有深入思考自己的真正需求和兴趣所在。而当我们勇敢地提出更好的问题，并努力去寻找答案时，我们往往能够发现全新的可能性，找到实现个人成长和突破的关键所在。因此，我们应该时刻保持开放的心态，勇于提出更好的问题，不断探索和追求自己的真正兴趣和价值。

案例二：组织发展中的更好问题

某家科技公司，长久以来一直以其卓越的技术实力和高效的创新能力在业界保持着领先地位。然而，近期公司内部却逐渐暴露出一些问题，尤其是内部沟通不畅，这一问题像一块巨石，让公司的管理层感到困扰。

原先，各个团队在各自的领域内都表现得相当出色，但随着公司业务的不断扩张和复杂化，部门之间的壁垒似乎也在逐渐加厚。信息无法有效地流通，合作变得困难重重，一些原本可以迅速解决的问题因为沟通不畅而迟迟得不到解决，团队协作的效率大大降低，甚至影响了整个公司的运营节奏。

公司领导层敏锐地觉察到了这一问题的严重性。他们意识到，如果任由这种情况继续下去，公司的竞争优势将会逐渐丧失，甚至可能面临被市场淘汰的风险。于是，他们果断决定采取措施，从根本上解决这一问题。

他们首先坐下来，深入反思公司当前的沟通状况。他们不再满足于表面的解决方案，而是开始思考更深层次的问题："我们的团队真正需要的是什么？"这个问题仿佛一把钥匙，打开了他们寻找答案的大门。

经过深入讨论和反思，他们发现，团队之间缺乏的不仅仅是有效的沟通机制，更重要的是相互之间的信任和理解。每个团队都在自己的舒适区内工作，对于其他团队的工作内容和困难缺乏足够的了解，导致在工作中出现了很多不必要的摩擦和误解。

为了解决这个问题，公司领导层决定采取一系列措施。他们首先精心策划了一系列团队建设活动，包括户外拓展训练、跨部门项目合作等，让不同部门的成员有机会聚在一起，通过共同完成任务、分享经验等方式，增进彼此的了解和信任。这些活动不仅让团队成员们有机会放松身心，更让他们在轻松愉快的氛围中建立起深厚的友谊。

同时，公司领导层还建立了一个跨部门的沟通平台，方便大家随时交流信息和想法。这个平台不仅提供了实时通信的功能，还设有共享文档、项目协作等模块，让团队成员可以更加方便地共享资源，协作完成任务。通过这个平台，团队成员们可以随时随地了解其他部门的工作进展和困难，及时提供支持和帮助。

这些措施的实施，逐渐取得了显著的成效。团队成员之间的沟通和合作变得更加顺畅，大家更加关注公司的整体利益，而不是仅仅局限于自己的部门。公司内部的氛围也变得更加融洽，团队协作效率得到了显著提升。原本困扰公司的内部沟通问题得到了有效解决，公司的运营节奏也重新回到了正轨。

这个案例充分展示了通过提出更好的问题，组织可以发现并解决内部的矛盾和问题，从而实现共同发展。公司领导层通过深入思考并找到问题的根源，采取了一系列有效的措施，成功地解决了内部沟通不畅的问题，为公司的发展注入了新的活力。这也提醒我们，在面对问题时，我们应该勇于提出更好的问题，从而找到更有效的解决方案。同时，我们还需要具备敏锐的洞察力和坚定的决心，才能从根本上解决问题，推动组织的持续发展。

案例三：社会进步中的更好问题

在社会进步的过程中，许多问题看似复杂且难以解决，但往往通过提出更好的问题，我们就可以找到解决问题的根本途径，从而推动社会向前发展。

长期以来，社会公平问题一直是困扰许多国家和地区的难题。贫富差距、教育资源分配不均、就业机会不平等等问题层出不穷，这些问题不仅影响了社会的和谐稳定，也制约了社会经济的持续发展。面对这些问题，许多政策制定者和学者开始深入反思，尝试提出更好的问题来寻找解决之道。

他们不再满足于简单地追问"如何消除贫富差距？"或"如何实现教育公平？"而是开始思考更深层次的问题："社会公平问题的根源是什么？""现有的社会制度和政策是否有助于实现公平？""我们如何重新构建社会结构和政策体系，以从根本上解决公平问题？"

通过提出这些更好的问题，他们开始从社会结构、政策制定、文化传承等多个角度进行深入分析。他们发现，社会公平问题的根源在于社会资源和机会的分配不公，而现有的社会制度和政策往往加剧了这种不公。为了解决这个问题，他们需要重新审视和调整社会制度和政策，以确保每个人都能公平地获得资源和机会。

基于这些发现，他们提出了一系列具体的解决方案。例如，改革税收制度，加大对高收入人群的税收征管力度，同时增加对低收入人群的税收减免和补贴；优化教育资源分配，推动城乡教育均衡发展；完善就业政策，消除就业歧视，促进就业机会平等。这些措施旨在从根本上解决社会公平问题，让每个人都能享受到社会发展的成果。

这些解决方案的实施，逐渐取得了显著的成效。贫富差距逐渐缩小，教育资源分配更加均衡，就业机会更加平等。社会氛围变得更加和谐稳定，经济发展也呈现出更加稳健的态势。这个过程充分展示了通过提出更好的问题，我们可以找到解决社会问题的根本途径，从而推动社会进步和文明发展。

总结来说，在社会进步中，更好的问题不仅是寻找解决方案的关键，更是推动社会进步和文明发展的重要动力。通过提出更好的问题，我们可以深入剖析社会问题的症结，找到解决问题的根本途径。这不仅有助于解决当前的社会问题，还能为未来的社会发展提供有益的启示和借鉴。因此，我们应该勇于提出更好的问题，不断探索和创新，推动社会不断向前发展。

解决问题的核心，并非在于寻找一个现成的答案，而是在于提出一个更好的问题。通过深入探究问题的本质和根源，我们能够找到真正有效的解决方案，而不是仅仅满足于表面的应对。这种以问题为导向的思维方式，不仅能够帮助我们解决当前的困境，更能够引导我们走向更加广阔的未来。

提出更好的问题，意味着我们需要具备批判性思维和深入探索的勇气。当我们面对问题时，不应该急于寻找答案，而是应该停下来，深入思考问题的真正含义和背后的原因。通过提问，不断拓宽视野，发现问题的多个层面和可能的解决方案。激发我们的创造力和想象力，帮助我们找到更加独特和有效的解决方法。

对个人而言，提出更好的问题意味着不断成长和进步。通过不断提问，我们能够发现自己的不足和局限性，进而寻求改进和提升。这种思维方式能够帮助我们打破思维定式，不断拓宽自己的认知边界，实现个人价值的最大化。

对于组织而言，提出更好的问题同样具有重要意义。在团队合作中，通过共同讨论和提出问题，我们能够集思广益，激发团队成员的智慧和创造力。这种开放和包容的思维方式能够促进团队成员之间的交流和合作，推动组织不断创新和发展。

更进一步地，这种思维方式对于社会进步也起着积极的推动作用。当我们以问题为导向去思考社会问题时，我们能够发现问题的根源和症结所在，从而提出更加有效的解决方案。这种思维方式能够促进社会的公平和正义，推动社会不断向前发展。

综上可知，提出更好的问题在解决问题中具有举足轻重的地位。我们应该培养这种以问题为导向的思维方式，勇于提问、深入思考，不断探索问题的本质和真相。只有这样，我们才能在不断变化的世界中立于不败之地，实现个人和社会的共同进步。在此，祝福大家都可以在面对问题时，多一分坦然、松弛。用更好的问题、更高的智慧，引领美好的人生。

爱的沟通五步法，修复亲密关系

陈奕文

"爱情是一种对他人绝对的献身，但绝不是自身毫无保留地交出。"

——法国哲学家西蒙娜·德·波伏瓦（Simone de Beauvoir）

爱是人类最基本的情感之一，同时也是一种复杂而矛盾的情感。

在生活的大舞台上，爱情总是扮演着重要的角色。爱的本质是关注、承诺和奉献，然而，爱也常常伴随伤害和痛苦。它如同一出出悲喜剧，交织着欢笑与泪水。

我们或许都曾在爱的旋涡中挣扎，感受过那种刻骨铭心的痛楚。

曾经如胶似漆的恋人，因为一次误解、一次争吵，最终走到了分手的边缘。他们的心中充满了疑惑和不甘：明明相爱，为何会走到这一步？

这正是爱情中的痛点所在。我们往往在情绪的驱使下，做出了伤害对方的行为。

这些行为背后，隐藏着我们的不安、恐惧和对爱的渴望。

有时，我们伤害他人，是因为我们自己也曾受过伤；

有时，我们则是因为太在乎对方，反而用错了方式。

在繁华喧嚣的都市心脏地带，张丽和李强的故事在无数人匆忙的脚步和城市的呼吸中缓缓展开。从图书馆的初次邂逅到毕业后共同奋斗的时光，他们的爱情曾如同一束光芒，照亮了彼此的人生道路。然而，随着时间的流逝，原本坚不可摧的感情却逐渐出现了裂痕。

分手的导火线是一次看似微不足道的争执。那天，张丽因为工作上的不顺心而情绪低落，她希望李强能够给予她一些安慰和支持。然而，李强却沉浸在自己的工作压力中，对张丽的情感需求显得心不在焉。这种忽视让张丽感到被冷落和觉得自己无足轻重，她的情绪开始变得激动起来。

随着争吵的升级，双方开始翻旧账。张丽指责李强不再像以前那样关心她，她觉得自己在这段感情中变得越来越孤单；而李强则认为张丽变得过于敏感和挑剔，他对张丽的不满也逐渐积累起来。他们的日子渐渐失去了色彩，原本温馨的家充满了冷战和沉默。

但更深层次的原因，是他们在面对生活的压力和挑战时，逐渐失去了共同的目标和价值观。

张丽渴望的是稳定和安全感，她希望李强能够更多地关注家庭和情感；而李强则更加注重事业和个人成就，他希望在职场上有所突破，为家庭创造更好的未来。

这种分歧使得他们在很多问题上产生了难以调和的矛盾。

终于，在又一次激烈的争吵后，张丽心力交瘁地提出了分手。她说："我不想再这样互相伤害下去了。"这句话像是一记重锤，狠狠击打在两人的心上。他们明白，曾经那份看似完美的爱情已经破碎不堪，分手或许是对彼此最好的解脱。在分手后的日子里，张丽和李强都深陷在痛苦和反思中。他们意识到，爱情不仅仅需要激情和浪漫，更需要理解和沟通。

然而，遗憾的是，他们已经走到了这一步，再也无法回到从前。这段感情成为他们人生中的一段回忆，教会了他们如何在未来的道路上更加珍惜和经营自己的爱情。

在成长和生活过程中，我们都会经历各种各样的爱的伤害。这些伤害可能来自关系的破裂，亲情关系的疏远，友情关系的背叛，甚至是自我对爱的期望和幻想的破灭。

要解开爱情中的伤害之谜，我们需要深入了解这些痛点背后的心理学和社会学原理。为何我们会在爱情中失去理智？为何越是深爱，越容易彼此伤害？只有当我们明白了这些，才能学会如何在爱情中保持清醒的头脑，用正确的方式去爱和被爱。

从前，在一个遥远的山村里，住着一位名叫小慧的少女。她美丽聪慧，对生活充满了美好的期待，尤其是对爱情。在她的想象中，完美的爱情就像山间的清泉，纯净而甘甜，能够滋润她生命的每一个角落。

有一天，小慧遇见了邻村的少年小明。小明英俊潇洒，聪明能干，很快就吸引了小慧的注意。两人相识不久，便坠入了爱河。小慧以为自己终于找到了心中的完美爱情，她期待着与小明共度未来的每一个美好时刻。

然而，现实却并不像她想象的那样。小明虽然爱她，但他也有自己的缺点和不足。他有时会忽略小慧的感受，有时会因为忙于农活而无法陪伴她。小慧渐渐发现，她所期望的完美爱情在现实中并不存在。

这种期望与现实的落差让小慧越来越失望和愤怒。她开始对小明无理取闹，指责他不够关心自己。而小明则觉得小慧变得越来越难以捉摸，让他感到疲惫不堪。两人的关系因此变得越来越紧张。

终于有一天，小慧在一次激烈的争吵后决定离开小明。她觉得自己再也无法忍受这种充满失望和争吵的生活。她想要的完美爱情已经化为泡影，再也无法实现。

小明深爱着小慧，他并不想失去她。他决定去寻找她，并向她解释自己的苦衷。他穿越山林，跋涉河流，历尽千辛万苦，终于找到了小慧。

面对小明深情的挽留，小慧却冷冷地说："你给我的爱情并不是我想要的。我渴望的完美爱情是纯净无瑕的，而你给我的却充满了瑕疵。"

小明心痛地说："我知道我给不了你完美的爱情，因为世界上根本就不存在完美无缺的事物。但我愿意用我全部的努力去爱你，呵护你。请给我一个机会，让我用不完美的爱去温暖你的心。"

爱常常伤人的一个重要原因是我们对爱的期望和现实的落差。这种落差源于人们心理预期与实际结果之间的差异。心理预期是基于个体的经验、价值观、需求等因素形成的对未来的一种假设或期望。当实际结果未能达到这些预期时，就会产生落差。

我们渴望得到的爱往往与现实中的情感世界有所不同。我们可能期望拥有完美的爱情，而现实却充满了各种各样的问题和挑战。这种落差会让我们感到失望、愤怒和伤心，从而带来心理上的创伤。

我们应该学会放下对完美的执念，珍惜眼前人给予的真实情感。只有这样，我们才能在爱情的道路上走得更远、更幸福。

李娜和王浩是一对热恋中的情侣。李娜温柔善良，对王浩产生了深深的依赖。王浩则是她生活的支柱，给了她无尽的安全感。

某天，王浩因公出差，留下李娜独自面对生活的孤寂。分离期间，李娜的心被不安和思念紧紧包裹，她发现自己难以独立，每时每刻都在盼望王浩的归来。她变得脆弱，每日焦虑，生活中的每一件小事都能勾起她对王浩的深深思念。

终于，王浩提前归来，李娜再也忍不住泪水，她在王浩的怀中放声大哭，坦诚地表达了自己的恐惧和脆弱，她说："我才发现，我有多么依赖你，没有你，我仿佛失去了整个世界。"

这次分离让他们认识到，爱不仅给予了他们力量，同时也让他们变得脆弱和相互依赖。从此，他们更加珍视彼此，愿意共同面对生活中的所有挑战。

另一个说爱使人受伤的原因是我们对爱的依赖和对失去的恐惧。

对于爱的依赖，在健康的爱情关系中，依赖关系建立在互相信任、支持和理解的基础之上。心理学研究发现，适度的依赖对个人的成长和心理健康非常重要。这种依赖可以满足人的归属感和安全感的需求，从而促进个人的幸福感和满足感。

关于对失去的恐惧，它往往与依恋理论紧密相关。在成人恋爱中，失去的恐惧可能源于对被抛弃或不被爱的担忧，这与个体的依恋风格有关。

例如，焦虑型依恋风格的人可能更容易担心伴侣的离开，并表现出更多的占有欲和控制欲。爱使我们变得脆弱和依赖他人，我们渴望得到对方的关心和喜爱。

当我们失去爱或者感受到失去爱的威胁时，我们会感到极度的恐惧和不安。这种依赖和恐惧的矛盾使得我们容易受到伤害。因此，及时表达感受和合理化地表达情绪，就显得非常重要。

林浩是一个热情、开朗的人，总是散发着一种让人难以抗拒的魅力。他很容易与人建立深厚的友谊，因为他真诚且乐于助人。然而，当爱情走进他的生活时，一切都变得复杂起来。

林浩遇到了一个名叫小薇的女孩，她温柔、体贴，很快就成为林浩生活中的重要人物。林浩深深地爱上了小薇，他们开始了一段美好的恋情。然而，随着关系的深入，林浩开始感到一种莫名的恐惧。他害怕自己会在爱情中失去自我，害怕小薇看到他内心深处的脆弱。

为了保护自己，林浩开始在爱情中与对方保持一定的距离。他不再像以前那样毫无保留地表达自己的情感，而是选择了一种更为保守的方式来与小薇相处。他害怕暴露自己的弱点，害怕被伤害，因此他选择了保留。

小薇感受到了林浩的变化，她不明白为什么林浩突然变得如此冷漠和疏远。她试图拉近与林浩的距离，但每次都被林浩巧妙地推开。这让小薇感到非常困惑和伤心，她不明白为什么林浩明明爱她，却又在逃避她的拥抱。

随着时间的推移，两人的关系逐渐出现了裂痕。林浩的保留让他无法完全敞开心扉去爱小薇，而小薇也因为林浩的冷漠而感到失望和沮丧。最终，他们的恋情以分手告终。

分手后，林浩深深地反思了自己的行为。他意识到自己的保留不仅降低了爱的质量，也增加了被伤害的可能性。他明白自己因为害怕而失去了真爱，但无法克服内心的恐惧。这段经历让林浩深刻地体会到了爱的渴望与自我保护的冲突所带来的痛苦。

当我们渴望与他人建立深厚的连接时，也需要勇敢地敞开心扉和暴露自己的弱点。这种暴露确实带来了被伤害的风险。

为了保护自己，我们往往会选择对爱的奉献和承诺有所保留。但这种保留不仅降低了爱的质量，也增加了被伤害的可能性。只有当我们学会平衡爱与自我保护的关系时，才能找到真正的幸福。我们应该勇敢地面对自己的恐惧和不安，学会在爱情中敞开心扉，才能收获真挚的情感和美好的人生。

综上，爱的期望与现实的落差、爱的依赖与失去的恐惧以及爱的欲望与自我保护的冲突都是导致爱使人受伤的重要因素。了解这些原因有助于我们更好地理解和应对爱的伤害，从而建立更健康、稳定和充实的人际关系。

因此，当我们面对爱情中的伤害时，我们可以做一些调整，更有勇气地面对爱！可以采取以下措施来更好地处理和应对。

措施一：坦诚沟通。建立良好的沟通渠道，倾听对方的需求和感受，共同解决问题。

措施二：理解和尊重对方的差异。接受对方的独特性，尊重彼此的不同需求和价值观，寻求妥协和共识。

措施三：培养个人成长。通过发展个人的情商和心理素养，提高情感的处理能力，更好地应对爱情中可能受到的伤害。

措施四：寻求专业帮助。在面对复杂的情感问题时，可以寻求专业心理咨询师或夫妻关系治疗师的帮助，获取更多的支持和指导。

在沟通时的操作步骤如下：

1. 建立良好的沟通氛围：选择一个合适的时间和环境，确保双方都能够专注于对话，没有外界的干扰。保持平和的心态，避免在情绪激动或压力大的情况下进行重要的对话。以尊重和理解的态度开始对话，表达出你愿意倾听对方的想法和感受。

2. 积极倾听：在对方说话时，尽量不打断，全神贯注地倾听。通过点头、微笑或者使用"我明白""我在听"等肯定性的反馈来表达你在认真倾听。试着理解对方的观点和感受，而不是立即提出自己的观点。

3. 表达自己的需求和感受：使用"我"语言来表达自己的感受和需求，例如："我觉得很受伤，我希望我们能找到一个解决办法。"避免指责或批评对方，这样只会引起对方的防御反应。保持开放的态度，愿意接受对方的反馈和建议。

4. 共同解决问题：在理解了彼此的需求和感受后，一起探讨可能的解决方案。对每个方案进行评估，讨论其可行性和可能带来的影响。一旦找到双方都满意的解决方案，就一起制订实施计划，并确定各自的责任和任务。

5.持续沟通和调整：在实施过程中，定期检查进度和效果，根据需要进行调整。如果在实施过程中遇到问题或困难，及时进行沟通，共同寻找解决办法。沟通是一个持续的过程，需要双方的共同努力和维护。

我们来看一下，当爱用合适的方式表达，会怎么样？

林峰和梦婷相识于大学时代，两人因为共同的兴趣爱好而走到了一起。毕业后，他们决定留在同一个城市，共同打拼未来。林峰进入了一家大型企业，成为一名工程师，而梦婷则选择了一所中学，成为一名教师。

起初，两人的生活充满了甜蜜和浪漫。他们每天都会通电话，分享彼此的工作和生活。然而，随着时间的推移，林峰的工作压力越来越大，加班成了家常便饭，而梦婷也因为学校的各种事务忙得不可开交。渐渐地，两人的沟通变得越来越少，有时甚至几天都说不上一句话。

梦婷开始感到不安和寂寞。她渴望能和林峰像以前一样亲密无间，但现实让她感到无奈和失落。她尝试过多次与林峰沟通，但每次都因为林峰的忙碌和疲惫而不了了之。她心中充满了疑惑和不满，不知道这段感情是否还能继续下去。

一天晚上，梦婷独自坐在沙发上，看着窗外的夜色发呆。她决定再次尝试与林峰坦诚地沟通一次。她拿出手机，给林峰发了一条信息："林峰，我觉得我们之间有些问题需要好好谈谈。你今晚能早点回来吗？"

林峰看到信息后，心中一震。他知道梦婷最近情绪有些低落，但没想到问题会这么严重。他立刻回复道："好的，亲爱的。我今晚会早点回来。"

当晚，林峰提前结束了工作，回到家中。他看到梦婷坐在沙发上，面色凝重。他走过去，轻轻抱住梦婷，温柔地问："怎么了，亲爱的？有什么事情让你这么不开心？"

梦婷深吸了一口气，决定把内心的感受和需求都告诉林峰。她说："林峰，我觉得我们之间的沟通越来越少了。我们每天都在忙碌自己的工作，却忽略了对方的存在。我希望我们能够有更多的时间在一起，分享彼此的生活和情感。我知道你的工作很重要，但我也需要你的关心和陪伴。"

林峰听完梦婷的话，心中涌起了一股愧疚和感动。他紧紧握住梦婷的手，说："对不起，亲爱的。我知道我做得不够好，让你感到孤独和失落。我会尽量调整自己的工作和时间，多陪伴你，多关心你的感受。"

接着，两人开始深入地沟通。他们谈论了彼此的工作、生活、兴趣爱好以及对未来的规划。林峰向梦婷详细介绍了自己工作的压力和挑战，并表示会尽量在工作之余抽出时间陪伴她。梦婷也向林峰表达了自己对教育的热爱和追求，并表示会尽量在工作之余安排一些共同的活动，增进彼此的感情。

这次坦诚的沟通让两人都受益匪浅。他们不仅解决了当前的问题，还对未来充满了信心和期待。从那以后，林峰和梦婷开始更加努力地沟通。他们每天都会抽出一些时间聊天，分享彼此的生活和情感。周末，他们会一起做饭、看电影、散步，享受彼此的陪伴和温暖。

他们不仅是恋人，更是彼此最好的朋友和支持者。他们明白，只有相互理解和支持，才能共同走过人生的每一个阶段。

爱情是一种强大的情感，它能够让我们感受到无尽的喜悦和满足。爱情的魅力在于它能够让我们与他人建立深厚的情感连接，分享生活的喜怒哀乐，互相支持和助力。

总结起来，尽管爱情有时候会伤害人，但我们不能否认它带来的美好和成长。爱情可以让我们感受到无尽的喜悦和满足，同时也是人与人之间成长和学习的重要途径。爱情的伤害可以成为我们成长的机会，让我们反思自己的行为和选择，并更加关注和疗愈自己的内心。通过理解和应对爱情的伤害，我们可以建立更加健康、稳定和充实的人际关系，从而在爱情中找到幸福和满足。

恋爱沟通四心法，让你谈到对方心里

柳　臻

2017 年底，一款面向年轻女性用户以恋爱为主题的角色扮演类游戏风靡朋友圈，当时听到身边朋友们讨论最多的便是养成系男友。

显而易见，这是一款打造专属于个人完美爱人的体验游戏，剧情中不乏多次进行高情商沟通的桥段。针对同一事件，不同的沟通方式得到的角色回应体验完全不一样。令人不由得感叹，原来想要打造专属的完美爱人，首先应该做到高情商的沟通。

当下众多年轻人都面临着一个严峻的问题——如何进行恋爱沟通？大多数的单身男女陷入了无话可说、不知所云的旋涡。之前在厦门学训中心上课时，有好几位同学都跑来问我："老师，我应该怎样和心仪的对象表白呢？""相亲对象都说我无趣，我该怎样沟通呢？"

每个人都希望能打造完美的爱人，但前提是我们得先成为完美爱人。所以我们可以从以下四个方面入手，帮助自己在和异性相处时做到更好的正向沟通。

一、重点倾听

沟通的核心在于倾听，看到很多的情侣在对话过程中单一关注自我输出，从而忽略对方的沟通目的。很久之前看到一部电视剧，其中有一个片段是剧中的新婚夫妻因为洗漱台上的水渍发生争执。其实矛盾的来源只在于男生和女生都没有倾听到对方的需求，一味地表达自己的观点。女生认为男生平时大到生活决定、小到柴米油盐都需要他的妈妈帮助他，像洗漱台上有水渍这样的小事都不能亲自打扫，是个十足的妈宝男。而男生认为一点点水渍没必要大动干戈，女生的反应有点过激了，为什么每次有一点点小事都要情绪大爆发。

其实在这个片段中，男生更在意的是需要对方情绪稳定，而女生更在意的是需要对方有主见和行动力。不难发现沟通的结果取决于对方的反馈。大多数情况下，我们在与人沟通的过程中会陷入惯性思维——表达自我感受。但其实在人际沟通的过程中，尤其是场景设定为情侣之间时，更应该代入逆向思维——他说这句话到底是什么意思？当我们能够读懂对方语言背后的含义时，沟通会变得更加精准和高效。

有一次，我到我的朋友瑶瑶家做客，当天她和她的男朋友很热情地准备晚餐来招待我。没一阵工夫，我就听到厨房里传来争执的声音"我都说了我来洗，我洗不就好了！""这是洗菜的问题吗？我刚刚都说了我碰不了凉水，你还让我去洗，你是听不懂吗？"原来是瑶瑶到了生理期，不方便碰凉水，但她又没有明确地告诉对方。而她的男朋友是个标准的大直男，完全忽略了瑶瑶的弦外之音，这也就间接导致了矛盾的产生，从而上升到了男朋友是不是不在乎我的矛盾高度。

不如此时此刻我们来做一个小测试。你最近谈了一个女朋友，女朋友发了一条朋友圈：今天在医院看到别的女生都有收到男朋友送的玫瑰花。请问，女朋友此时此刻想表达的语义是什么呢？是她也想收到玫瑰花，还是想考验一下你是否在乎她呢？所以通过逆向思维，我们可以得知女朋友想表达的核心语义其实是在医院。所以她想要得到的沟通反馈是你在不在乎她，关不关心她。因此学会重点倾听可以帮助我们更加高效地沟通。

在亲密关系中，我们应该如何做到重点倾听呢？赣州 LTC 的黄俊梅校长是一位非常善于发现沟通模式的校长，在每一次的沟通过程中，她总能保持微笑，耐心倾听。并且在短时间内可以快速看到每个人的沟通模式——语言背后的渴望和需求。所以，想要在亲密关系中拥有更好的沟通，请把你的恋爱对象当成客户。

当你能够专注于客户的需求和目的时，你就可以精准地发掘恋爱对象的需求和目的。

二、强制换位

我有一个朋友叫鸡米，他是一个 IT 男，用现在的潮流语言来形容，他应该是母胎 Solo。他常常苦恼于无法吸引女孩与他共赴爱河，经常挂在嘴边的一句话就是"她为什么看不到我的才华，不愿意和我聊天呢？"一开始，我还在想这小子运气也太不好了吧，怎么老是遇见不解风情的女孩呢？直到有一次，他约了一个女孩去餐厅吃饭，当天由于一些事宜不得已带着我一起去赴约，我才终于理解他所说的怀"情"不遇。

从来到餐厅见到女孩开始，鸡米只说了三句话——"你还蛮漂亮的。""我觉得我们蛮合适的。""我们可以试试看。"女孩算得上是知书达理，全程都在热情地与我们交流，奈何鸡米全程都缩在一边埋头苦吃，最后这次相亲又以失败告终。

这里我们需要注意的是，第一次见面需要找到话题，帮助我们快速破冰。在不确定自己所说的话题或者语言是否能让对方接受之前，可以尝试强制性换位思考，首先去考虑自己的话题或语言自己能否接受。我们经常可以看到一些单身男女在初次见面时由于羞涩不敢表达，期待对方能够先找话题与自己沟通。或者沉浸在自己精心准备的约会事宜中从而忽略现场的沟通氛围乃至对方的情绪状态。

之前在郑州学训中心上课时遇见一个女学员，她是一个女博士，三十多岁奔赴在各大相亲平台。有一天上课前她联系我为她做情绪疏导，经过沟通我才了解到她当下为什么这么生气。在最新一次的相亲过程中，男生毫不留情面地说她没有女人味，没有吸引力，为此她大为受挫。一开始我还在安慰她，心想怎么会遇见这么没有风度的男生，可听着听着便发现了端倪——原来她在见到对方的第一时间便询问了对方的学历、工作、家庭，并指出因为对方的学历不如自己，所以婚后要负担家务，彩礼也要多付一些。没想到对方直接落荒而逃。

在和她的沟通中发现，她是一个重结果、忽略感受的女生。所以在日常人际沟通过程中，经常会让身边的人下不来台，感到尴尬。

所以此时此刻，我们不妨大胆地强制换位。当时我就毫不犹豫地问了她一个问题："如果你现在是这个男生，面对一个三十多岁的女博士第一次见面就说你没本事、赚不到钱、结婚之后需要上交所有的工资还得包揽所有的家务，你能接受吗？你觉得她是个什么样的人？"她当时差点跳起来，手舞足蹈地对我说："那怎么可能？！我又不认识她，凭什么管我？这不是神经病吗！"说完之后她就不好意思地捂了捂嘴。

很明显，在我们沟通的过程中，需要体会我们的语言是否能让对方接受。所以当我们在初次相识或者处于暧昧时期需要明确做到的是己所不欲，勿施于人。

在亲密关系中，我们应该如何做到强制换位呢？海口学训中心有一位学员，她非常细心体贴。我每一次来海口讲课之前，她都会非常热情地询问我的航班号来接机，即使是最早的航班，她也会准备好早餐来接我。我曾好奇地询问她为什么这样暖心，她说："我以前也有过工作出差的经历，我知道很辛苦。像你这样每天到处飞，还要讲课，肯定更辛苦。姐姐希望你能感受到家的感觉。"即使这位姐姐不是我的恋爱对象，但她依然让我感受到了被温柔以待。所以，在亲密关系中，当我们能够做到同频共振，主动把自己的需求渴望而非批判抗拒给予对方时，自然就可以做到强制换位了。

三、情绪价值

最近经常在朋友圈看到一个词"情绪价值"，其实大多数的朋友在恋爱过程中会产生疑问"究竟什么是情绪价值？""我明明有陪她吃饭、看电影，还要我怎么做嘛？"

在福州学训中心上课的时候，有一位女学员在上课过程中频频流泪，下课之后我便和她进行了一次沟通。原来她是一名护士，工作过程中时间作息经常是混乱的。前段时间由于流行病毒盛行，医院工作量急剧增加，她经常是白天黑夜连轴转。有时碰到情绪比较激动的患者，还得默默忍受。晚上回到家的时候，老公兴高采烈地拉着她出门吃海鲜，她全程一言不发，可是老公好像并没有感受到她的情绪，晚餐过后甚至还想和她一起去看一部喜剧电影。此时她的情绪终于达到了临界点"你看不出来我不高兴吗？为什么不能让我休息会儿！""你平时下班也是这样啊，我以为还是跟之前一样是太累了而已。"

其实在整个沟通的过程中，我能感受到她的无奈和难过。相信当时她最需要的是老公能够看到她的情绪，并给予相应的安慰。也许并不需要说什么肉麻的语言，只需要一个温暖的拥抱，让她能够有时间表达自己，她的心情应该很快就能平复。

另一名学员蒙利是一个非常活泼外向的小伙子，以他的性格，其实是很招女孩子喜欢的。平时在公司生活里受点小委屈他都会立马表达情绪，绝不让自己受委屈，不过只要说出来他立马就会喜笑颜开，刚刚的事情也就烟消云散了。不过他最近比较心烦的一件事，是他新谈的女朋友。他女朋友是做招商工作的，平时经常出差，所以一般有空的时候他都想找女朋友视频聊聊天，可是对方的工作又比较繁忙，很少能接通视频。所以当蒙利心情不好的时候，怎么都打不通她的电话，其实以蒙利的性格，若他当时能找到人说说话、发发牢骚，立马就能满血复活。所以此时此刻，他需要的情绪价值，女朋友刚好无法满足。

大多数情况下我们可能会认为反正也做不了什么，学会闭嘴也许能让对方好受一点。可实际上当对方有情绪显现出来时，就说明所有的情绪背后都有未被满足的需求。所以此时此刻非但不能对情绪视而不见，反而还应该进行情绪交流。所以情绪价值可以理解为看见情绪，照顾情绪，感同身受。看见是理解，照顾是安抚，感同身受是共情。这就是情绪价值。

在亲密关系中，应该如何做到提供情绪价值呢？我有一个朋友叫康尼，大家都认为他是一个十足的暖男，不仅人长得帅还对女朋友体贴。他在亲密关系中的相处之道有三点。第一，及时表达。每次当他在亲密关系相处过程中出现情绪时，他都会及时表达自己的想法。当然仅仅是表达情绪，而不是情绪化的表达。不让双方的矛盾隔夜，当下就能精准解决。第二，及时分享。康尼认为分享欲是情绪价值最大的体现。并不需要分享多么高深的文章，而是分享生活的点点滴滴，当你能够并且愿意让对方融入你生活的每一个环节，对方就能够感受到足够的安全感和爱，此时情绪价值就会达到满值。第三，及时回应。每当对方分享好吃的食物、好听的音乐给他时，他都会在第一时刻及时回应对方，表达自己的感受和赞美。

四、赞美欣赏

中国人有一句俗语——爱在心口难开。也许很多时候你明明知道自己很爱对方，但是又觉得讲出来有点肉麻，于是便会悄悄地把爱意藏在心中。

爱希是一名空姐，大多数的时间她都翱翔于天际。她和男朋友在一起已经有 5 年的时间了，最近却经常发生争吵。她的男朋友是一名工程师，他们能够在一起的主要原因还是在于她男朋友虽然是理工男但非常善解人意，经常能在深夜接她下班，给予她足够的安全感。可是最近听说航班中的其他女生好像都找到了很有上进心的男朋友，爱希有点焦虑了。因为她的男朋友属于今朝有酒今朝醉的性格，平时比较佛系。"你能不能有点上进心啊！""你看看别人的男朋友都有自己的事业，你能不能学着点啊！"这是最近一段时间经常听到爱希说的口头禅。我也用过DISC 性格色彩分析过她和她男朋友的性格特征，让她了解到自己和男朋友是一种怎样的相处模式。一方面她很享受男朋友对她的包容和温柔，另一方面又会焦虑两人的未来人生，有点恨铁不成钢。

我只问了她一个问题："你能够进步的动力来源于鼓励还是批

评呢？"答案不言而喻。其实大多数情况下我们都希望对方能够达成我们的理想状态，从而忽略了欣赏对方身上的闪光点。在亲密关系中，最应该重视的其实是赞美。大多数朋友的反馈是：在一起这么久没必要搞这一套了。那你就应该考虑到底如何与爱人相处了，究竟是相处成亲密爱人呢，还是处成睡在你上铺的兄弟？

在厦门学训中心上课的时候，有一个女学员特别没自信，从来都不敢抬头看大家。当我赞美她的声音好听时，她习惯性地摇了摇头。于是我特意邀请她坐下来一起聊一聊，在聊天的过程中我才渐渐发现她不自信的来源。原来她自从结婚后就一直在做全职妈妈，十年的时间一心扑在家庭中，可是她的丈夫好像从结婚起就一直在打压她，从来没有肯定过她的价值。所以当下她的情绪积累到了临界点，她受不了了。

所以在亲密关系中，应该如何做到赞美欣赏呢？我在佛山学训中心上课的时候，周末去河边喝茶踏青，当时有遇见一对老年夫妻。那天阳光明媚，爷爷拿着相机记录着奶奶在身边的每一个瞬间。爷爷甚至会帮助奶奶摆不同的姿势，并且毫不吝啬自己对奶奶的赞美，不断地伸出大拇指给予肯定。我能感受到，当下爷爷是真的看到了奶奶身上的每一个闪光点，并且真诚地表达自己的喜爱和赞美。所以想要做到赞美欣赏，我们需要做到以下两点。第一，发现优点。任何一个人身上都有闪光点，当你能够专注去观察时，你会发现很多以前看不到的细节。赞美从发现开始，世界上从不缺少美的事物，缺少的只是发现美的眼睛。第二，发现细节。在赞美他人时，语言需要做到足够具体，越具体越好。当赞美表达得足够具体时，才会让对方更信服，更有被关注的感觉。

世界上没有完美的爱人，如果有的话，一定是你具备爱与被爱的能力。爱也是需要技巧的，感他所感，爱他所爱。所以良好的亲密关系需要满足以下两条：一是在对方面前有充足的安全感，让你们都敢于做自己。二是因为爱对方，所以愿意为对方主动改变自己。这两条看上去矛盾，但互为因果，而且适用于几乎所有关系。所以千万不要搞反了，想通过改造对方让自己有安全感，其实是一条死胡同。

聚会社交攻略，打破沉默，重建纽带

姜智恒

在那个熟悉而又陌生的城市角落，一家风格复古的咖啡馆里，我们这群曾经肩并肩走过青春岁月的同学们，再次聚首。"时光匆匆，我们各自奔忙，当再次聚首，是否还能找回那份纯真的笑语？"这句话在每个人心中回响，像是一句未竟的诗篇，带着期待也夹杂着不安。

咖啡馆的灯光柔和而温暖，仿佛想要用它的温情驱散我们之间的距离感。墙上挂着的老照片，记录着我们曾经的无忧无虑和梦想。那些年轻的脸庞，那些纯真的笑容，如今在岁月的洗礼下，已经变得成熟而稳重。我们围坐在那张大圆桌旁，每个人都试图用刻意的寒暄来遮掩面具下的沉默。

开场白虽然充满了诗意，但随之而来的，却是一阵难以言说的尴尬。曾经无话不谈的我们，现在却不知从何说起。问候的话语在空气中飘荡，却像是断了线的风筝，难以找到归宿。我们试图回忆起那些共同度过的日子，却发现记忆已被时间的河流冲刷得支离破碎。

每个人的生活都像是一本书，有着不同的篇章和故事。我们各自在人生的道路上跋涉，有的书写着辉煌的成就，有的则记录着默默的坚持。在这样的场合，我们不自觉地开始比较，试图在彼此的故事中寻找自己的位置。这种比较心理，像是一把双刃剑，既激励着我们前行，无形中也增加了内心的压力。

时代的脚步匆匆，我们每个人的生活轨迹和价值观也随之发生了变化。我们试图在聚会中找到共同的话题，却发现那些曾经让我们热血沸腾的话题，如今已难以激起共鸣。我们试图用过去的友谊来填补现在的隔阂，却发现情感的疏离不是一朝一夕能够弥补的。

这就是我们，一群曾经亲密无间的同学，在尴尬的同学聚会上，用刻意的寒暄遮掩面具下的沉默。但是，也许正是这样的时刻，提醒我们去珍惜那些曾经的纯真和美好，去努力寻找那些能够跨越时间和空间隔阂的真挚情感。在这个快速变化的世界里，我们是否能够找到一种方式，让友谊的火焰重新燃起，让心灵的交流再次流动呢？

咖啡馆的门面装饰着复古的铁艺花纹，透过玻璃窗，可以看到里面温馨的灯光和点缀的绿植。我们约定的时间是下午两点，阳光透过树叶的缝隙，洒在门前的人行道上，斑驳而温暖。随着时间的推移，同学们陆陆续续到来，相互之间的微笑和拥抱，似乎在试图唤醒那些沉睡已久的记忆。

室内的装潢充满了怀旧的气息，墙上挂着我们毕业时的集体照，那些年轻的面孔在相框中笑得如此灿烂，与现在相比，仿佛是另一个世界的故事。每张桌子上都摆放着一个小小的花瓶，里面插着几朵简约的鲜花，散发着淡淡的香气，试图为这个场合增添一些生机。

同学们围坐在圆桌旁，手中拿着各式各样的饮料，有的轻轻搅拌着咖啡，有的则是小心翼翼地捧着茶杯。空气中弥漫着咖啡的苦涩和甜点的甜蜜，两种截然不同的味道，就像是我们复杂的心情。尽管每个人都尽力保持着微笑，但眼神中不时闪过的迷茫和探寻，透露出内心的不安。

刚开始的寒暄总是充满了热情，问候彼此的近况，谈论着工作、家庭和孩子。然而，随着话题的逐渐枯竭，聚会的气氛也开始变得尴尬。笑声变得越来越稀少，沉默的时刻越来越长。有人开始低头摆弄手机，似乎在寻找逃避的出口；有人则四处张望，试图找到新的话题来打破这令人窒息的寂静。

窗外的街道上，行人匆匆，车辆穿梭，与咖啡馆内的安静形成了鲜明的对比。我们这群曾经无话不谈的朋友，现在却像是最熟悉的陌生人。每个人都在努力寻找着那份曾经的亲密感，却发现时间已经改变了太多，那些共同的语言和笑声，不知何时已经悄然逝去。

这就是我们的聚会，一个充满了尴尬沉默的场景。尽管我们都渴望着重新连接，却也不得不面对现实的距离。在这样的环境中，我们需要找到新的方式来沟通和理解，才能重新点燃那份曾经的温暖和友谊。

在这个同学聚会中，尴尬像是无形的墙，将每个人隔离在一个个小岛上，阻碍了真正的交流和情感的流动。

首先，尴尬的沉默是一个显著的问题。它源于我们对彼此生活的不了解，以及对如何开始对话的不确定。我们试图用日常的寒暄来填补这个空白，却发现这些话题很快就会耗尽。这种沉默不仅仅是缺乏话题，更是缺乏深度交流的结果。我们渴望分享自己的生活，却害怕被误解或评判。这种恐惧让我们选择了沉默，而不是冒险打开心扉。

社交焦虑是另一个影响聚会氛围的因素。在面对曾经的同窗时，我们担心自己的现状是否足够好，是否能够与他人相提并论。这种焦虑可能源于我们对自我价值的怀疑，或是对他人成功的羡慕。我们害怕自己的不足被暴露，害怕无法满足他人的期待。这种内心的不安让我们在社交场合中变得紧张和拘束，难以展现真实的自我。

比较心理是产生社会焦虑的一个因素。在交流中，我们不自觉地将自己与他人进行比较，试图确定自己在社会中的位置。我们关注他人的工作、收入、家庭状况，然后与自己进行对比。这种比较可能导致自我价值的贬低，或是产生不必要的羡慕和忌妒。它让我们忘记了每个人的生活轨迹都是独特的，无法简单地用同一标准来衡量。

时代隔阂也是一个重要的问题。随着时间的推移，我们的生活轨迹和价值观都发生了变化。我们可能对流行文化、政治观点、生活方式有着不同的看法。这些差异可能让我们难以找到共同的话题，甚至在某些问题上产生分歧。我们试图回忆过去，却发现那些共同的记忆已经变得模糊。这种隔阂让我们感到失落，因为我们无法再像以前那样轻松地交流和理解彼此。

最后，情感疏离是长期分离的直接结果。由于缺乏持续的联系和交流，我们与曾经的朋友之间的关系变得疏远。我们不再了解对方的生活细节，也不再分享彼此的喜怒哀乐。这种疏离让我们在聚会中感到陌生和不自在，难以建立起深层次的联系。

要打破这个局面，我们需要采取一系列的措施。首先，我们需要学会倾听和理解，而不是仅仅等待说话的机会。通过倾听，我们可以了解他人的感受和经历，从而找到共同的话题和兴趣。其次，我们需要提高自我认知，认识到自己的价值并不取决于他人的评价或比较。我们应该专注于自己的成长和进步，而不是过分关注他人的生活。再次，我们需要接受变化，尊重每个人的生活选择和价值观。我们应该欣赏彼此的独特之处，而不是试图强加自己的标准。最后，我们需要提升社交技巧，学会有效地沟通和建立联系。这包括非语言沟通，如肢体语言和面部表情，以及话题引导，如提问和分享个人经历。

通过这些努力，我们可以逐渐打破沉默，减轻社交焦虑，克服比较心理，跨越时代隔阂，以及修复情感疏离。

在面对尴尬的同学聚会时，正向案例能够为我们提供宝贵的启示。以下是几个成功的案例，展示了他们是如何通过积极的互动和沟通技巧，将尴尬的聚会转变为有意义的社交体验的。

案例一：共同回忆破冰

李明和张华是大学时的室友，毕业后因为工作繁忙而很少联系。在一次同学聚会上，他们两人发现自己都对当前话题不太感兴趣，于是决定回忆大学时的一些趣事。他们开始讲述当年一起熬夜准备考试的经历，以及那些搞笑的校园传说。这些共同的回忆很快吸引了其他同学的注意，大家纷纷加入讨论，分享自己的故事。通过这种方式，聚会的气氛逐渐活跃起来，尴尬的沉默被欢声笑语所取代。

案例二：坦诚分享促进深度交流

王丽是一位成功的企业家，但她在聚会上并没有炫耀自己的成就。相反，她坦诚地分享了自己创业过程中遇到的挑战和失败，以及她是如何克服这些困难的。王丽的真诚和坦率激发了其他同学的共鸣，他们也开始分享自己的经历和感受。这种深度的交流帮助大家建立了更紧密的联系，也让聚会变得更加有意义。

案例三：互动游戏增进了解

组织者李强注意到聚会初期的尴尬气氛，便提出了一个互动游戏的想法。他准备了一些简单的团队建设游戏，比如"你画我猜"和"真心话大冒险"。这些游戏不仅让同学们放松了心情，还增进了彼此之间的了解。在游戏中，大家忘记了身份和地位的差异，只关注于当下的乐趣和合作。通过这种方式，聚会变得更加轻松愉快，同学之间的关系也变得更加融洽。

案例四：共同兴趣连接人心

赵敏发现她和几位同学都对旅行有着浓厚的兴趣，于是提议分享各自的旅行经历和心得。这个提议得到了大家的积极响应，同学们纷纷拿出手机展示自己拍摄的照片，讲述旅途中的趣事和感悟。这种围绕共同兴趣的交流让大家感到亲近和愉快，也为聚会增添了许多色彩。

通过这些案例，我们可以看到，打破尴尬沉默并促进真诚交流的关键在于找到共同点和分享个人经历和感受，以及创造轻松愉快的氛围。当我们放下比较心理，接受彼此的差异，以及积极参与互动时，同学聚会就能变成一段充满欢笑和回忆的美好时光。这些正向案例不仅为我们提供了应对尴尬聚会的策略，也提醒我们珍惜与老朋友的每一次相聚。在未来的聚会中，我们可以尝试运用这些策略，让友谊的火焰在心中重新燃起。

经过一系列的探讨和案例分析，我们可以得出一个深刻的结论，同学聚会的价值远不止于表面的应酬和寒暄。它是一次心灵的交流，一次情感的重逢，更是一次对过去纯真岁月的共同回忆和致敬。

在这个快速变化的时代，我们每个人都在经历着不同的人生旅程。我们的成长、变化和经历，虽然让我们在某些方面产生了差异，但也为我们的交流和互动提供了丰富的素材。新励成有一门课程——高情商沟通，帮助大家通过有效的沟通、自我认知的提升、情感共鸣的寻找、适应变化的能力和社交技巧的运用，跨越时间和空间的隔阂，重新点燃友谊的火花。

同学聚会不应被视为一项义务或负担，而应被视为一次宝贵的机会，让我们能够重新连接，分享生活的喜悦与挑战，相互支持与鼓励。在这个过程中，我们不仅能够找回那些珍贵的友谊和青春的记忆，还能够在彼此的故事中找到共鸣和启示，从而获得力量和勇气，继续前行。

让我们珍惜每一次相聚的机会，用心去感受和连接。让友谊在岁月的长河中继续流淌，让我们的生活因为这些美好的相遇而变得更加丰富多彩。在未来的日子里，无论我们身在何处，愿我们都能把这份纯真的笑语和真挚的情感，永远铭记在心。

　　社交恐惧的克服和社交能力的提升，不仅仅是个人的胜利，也是社会的进步。当更多的人能够在社交场合中自如地表达自己，与他人建立真诚的联系时，我们的社会将变得更加和谐、开放和包容。让我们共同努力，为创造一个更加友好和支持的社交环境而不懈奋斗。

打破社交壁垒，促进关系升温

杨　希

社交的壁垒如同薄雾，只要我们愿意前行，它们就会消散，让关系更加清晰明了。

在我们的生活中会参加很多不同的聚会，会到很多不同的场合，见到很多不同的人，从而来扩大自己的社交圈，打开自己的人脉圈，但往往很多人只是去参加了一个聚会，去了一个场合，见了一些人，我还是我，你还是你，他还是他，我们还是我们，你们还是你们，他们还是他们，始终是隔着一层厚厚的壁垒，促进不了彼此的关系。

渐渐地你会发现在社交场合中快速破冰需要一定的技巧和勇气，而快速破冰打破社交壁垒的能力就显得非常重要了。打破社交壁垒技巧多种多样，它们如同人际交往的润滑剂，帮助我们在不熟悉的环境中迅速建立联系。下面，我将分享一些有效的破冰技巧和案例。

一、如何快速打破社交壁垒

1. 主动出击：在社交场合中，积极掌握主动权是建立有效人际关系的关键。在这个过程中，保持真诚和自信是关键，相信你一定能够成功破冰，展现自己的魅力和价值，而不是被动地等待他人的关注和邀请。

主动出击积极地社交是建立有效人际关系的重要手段。通过掌握主动权，我们可以更好地了解他人、展现自己，建立更加深入的联系。同时，我们还需要注意观察和分析社交场合、注重言谈举止、倾听和尊重他人等方面，以建立良好的人际关系和互动模式。

2. 提出互动性的活动：在多人的社交场合中，提出一些互动性的活动，如玩游戏、跳舞等，可以让人们迅速融入其中，并建立起更加紧密的联系。这些活动不仅能够增加趣味性，还能让人们更好地了解彼此。

比如：在一次聚会上，你可以提议大家一起玩一个简单的游戏，如"真心话大冒险""狼人杀""每个人简单地自我介绍一下""每个人说一个自己最擅长的事情""分享自己的价值"等。通过游戏的方式，让大家彼此之间熟悉起来，通过好的环境带动个人能量，做到在轻松愉快的氛围中相互了解，快速破冰。

3.利用共同背景：如果你在社交场合中遇到了与你有共同背景的人，如校友、同行、老乡等，那么你可以利用这个共同点来迅速建立联系。共同的经历和话题可以让你们感到亲切和熟悉，从而更容易展开对话。

比如：在一次行业交流会上，你遇到了一位与你同校的校友。你可以主动上前打招呼，并提到你们共同的母校。这样的共同背景可以迅速拉近你们的距离，让你们在交流中感到更加亲切和自在。

4.谈论有趣的话题：谈论一些轻松、有趣的话题，如旅游、美食、电影等，可以让人们迅速找到共同点，并展开愉快的对话。这些话题不仅容易引发兴趣，还能让人们感到放松和愉悦。

比如：在一次聚会上，你可以问身边的人："最近有没有看过什么好看的电影？"或者"有没有推荐的地方去旅游？"这样的问题可以引发对方的兴趣，让他们乐于分享自己的经历和看法，从而拉近彼此的距离。

5.轻松幽默的开场：幽默是打破僵局的有力武器。你可以通过一些轻松幽默的开场白或笑话来缓解紧张气氛，让人们更容易放松并投入对话。

比如："你知道吗？我今天花了好长时间想该怎么跟你打招呼，最后还是决定直接和你说你好。"

6.向对方请教：人都喜欢被请教，所以这个时候可以抓住一些适当的机会多跟对方请教。

比如：对方的穿搭很高级，你可以说"走进这个场合的时候我就被你这身搭配吸引住了，我很喜欢你今天的搭配啊，特别的高级，可以跟你请教下你是怎么做到的吗？"比如：对方的发言特别的精彩，也可以主动过去跟对方用请教的方式打破壁垒从而产生连接等。

戴尔·卡耐基先生曾说："要改变人而不触犯或引起反感，那么，请称赞他们最微小的进步，并称赞每个进步。"由此可见向对方请教、去赞赏对方，在社交和人际关系中扮演着重要的角色。它不仅可以增强社交效果以及消除沟通的壁垒，还可以促进彼此之间的友谊和关系的升温。当某人受到赞赏和认同时，他们可能会感到被重视和尊重，这有助于建立更加积极、和谐的人际关系。

赞赏也可以激励人们追求卓越和进步。当我们意识到自己的努力和成就得到他人的认可时，我们可能会更加努力地工作和学习，以追求更高的目标和更好的自我。

过去在线下授课的过程中，会遇见很多优秀的企业家学员或者优秀的做领导的学员，每每在跟他们聊到团队的时候，会发现不管是对内还是对外，他们都从不吝啬自己对于员工的赞美。

还记得曾经在我的沟通课程上，讲到赞美这一个环节的时候，有一位经营着快递公司的学员跟我说：老师，这一点我特别有感触，我平时就是这么赞美我的员工的。所以你会发现如果一个小孩得到赞美他会特别的开心，成绩也会有很大的进步，如果一个男士得到赞美以及认同，他可能会好几个晚上睡不着觉，同样，如果一个员工得到领导的赞美会表现得更好，因为这能够极大满足他的荣誉感和成就感，使他在心灵上受到极大的鼓舞。

曾经在一本杂志上看到过这样一句话：金钱之外，人们最想得到的还有两样东西，那就是认同和赞赏，人性的底层是："人性都渴望认同和欣赏，不希望被拒绝和伤害。"所以说在职场、社交场合中，赞赏与认同对方是提升团队凝聚力和快速拉近你和对方距离的关键。接下来帮助大家总结一些实用的技巧，并结合具体案例来实施，能够使这一过程更加有效。

人都会有共性的需求，人们都喜欢被赞美和欣赏，同样也会有个性的需求，比如都喜欢被赞美，但每个人喜欢被赞美的方式是不一样的，下面就为大家解读个性化的赞美，那个性化的赞赏就是要根据对方的个性和喜好，采用不同的赞赏方式，比如有喜欢公开被赞赏的，有更喜欢私下被鼓励的，有更喜欢具体的赞赏的，有更喜欢及时赞赏的，有更喜欢具体而真诚的赞赏的等。

二、个性化的赞赏

先跟大家分享一个赞赏的概念，在赞赏对方的过程中有一个准则，就是具体且真诚地赞赏，要做到个性化的赞赏可以从以下4个维度进行展开：

（一）个体差异

不同的人会有不同的需求和偏好。了解同事的性格、工作风格和喜好，然后根据这些信息来定制赞赏的方式和内容。

为了大家更好地理解这方面，我通过一个具体案例来呈现：在一次公司年度晚宴上，一位是资深的市场部经理张总，另一位是新入职的行政助理小李。

在晚宴上，大家都穿着正装，气氛既正式又轻松。在这样的场合下，如何恰到好处地赞美他人，既能体现自己的修养，又能增进同事之间的友谊，是一个值得思考的问题。

对于资深的市场部经理张总，他经验丰富，业绩卓越，是公司里的佼佼者。在晚宴上，他的演讲更是赢得了大家的阵阵掌声。

此时，作为同事，你可以这样赞美他："张总，您的演讲真是深入浅出，不仅让我们对市场部的工作有了更深的了解，也为我们提供了很多宝贵的经验。您对市场趋势的敏锐洞察和前瞻性思考，真是让人佩服。"

而对于新入职的行政助理小李，她虽然工作经验不多，但在晚宴上表现得非常得体，与同事们的交流也十分融洽。此时，你可以这样赞美她："小李，虽然是第一次在这样的场合见到你，但你的表现真的很出色。你的礼貌和谦逊让人印象深刻，相信你在未来的工作中也会表现得非常出色。"

从上述案例中，我们可以看出赞美的方式和内容因个体差异而异。对于张总这样的资深同事，赞美更多地聚焦在他的专业能力和经验上，而对于小李这样的新同事，赞美则更多地关注她的个人品质和融入团队的能力。这样的赞美不仅符合场合的正式氛围，也充分考虑到了个体差异，使得赞美更加贴切和真诚。

所以我们可以看出在不同的场合下，针对个体差异进行赞美是一种高情商的表现。通过深入了解对方的特点和优势，选择合适的赞美方式和内容，既能够表达自己的尊重和认可，也能够增进彼此之间的友谊和合作。这样的赞美不仅能够让对方感到愉悦和受到鼓舞，也能够促进团队的和谐与进步。

（二）及时赞赏

当同事取得好成绩或做出值得称赞的行为时，及时给予赞赏。这样可以增强他们的积极性和动力。

当看到对方做得好或有所成就时，及时表达赞赏，让对方知道他的努力得到了认可。

在某软件开发团队中，新成员小李在项目中负责一个关键模块的开发。在项目讨论会上，小李提出了一个创新性的解决方案，得到了团队其他成员的认可。

项目经理立即对小李的创新思维表示赞赏，并鼓励他在后续工作中继续发挥创造力。

小李受到鼓舞，更加投入地工作，最终成功完成了模块开发，为整个项目做出了重要贡献。

（三）公开的赞赏

在团队会议或其他公共场合，对同事的成就进行公开赞赏。这不仅可以增强他们的自信心，也可以激励其他同事。

之前有一次我在上课的过程中，发现我们班有一个学员，每次上课都特别的活跃，穿的衣服每天都是不重样的，而且也非常的热情，有他在课堂氛围一定是拉满的，这个时候如果是你面对他，你觉得应该怎么样给他定制个性化的赞美呢？这个时候我们最需要的就是在公开场合去进行赞美了，你会发现他是不排斥在公众场合被看见的，甚至非常享受在公众场合被看见，所以每次在人多的时候赞美他，他都会特别的开心，同时每次我去那里上课他都会来我的课堂，所以我是通过他需要的个体化的差异赞美满足了他的情绪价值，从而产生了情感的连接。

（四）个性化的奖励

除了口头赞赏，还可以考虑给予个性化的奖励，如提供培训机会、发放奖金或赠送小礼物等。

2014年我在电台做主持人的时候，我们台总监注意到团队中有一位新来的叫安心的主持人，她在创办的一档新节目中做出了杰出的贡献。我们台总监决定采用个性化的赞赏方法来表达对她的认可。

总监首先私下与安心进行了沟通，表达了对她在节目中展现出的专业技能和团队精神的赞赏。他还特别提到了安心在解决这档节目难题时的创新思维和高效的执行力。

随后，在台里的月度会议上，总监公开表彰了安心的贡献，并邀请她分享在节目中的经验和心得。这不仅增强了安心的自信心和归属感，也激发了团队其他成员对于节目的积极性和创造力。

同时为了进一步奖励安心，总监还为她提供了一次去省台参加前辈专业培训的机会，以帮助她进一步提升自己的业务能力。

通过采用个性化的赞赏方法，总监不仅成功地表达了对安心的认可和鼓励，还激发了整个团队的凝聚力和创造力。

安心在随后的工作中更加积极投入，并为整个节目做出了更多的贡献。同时，其他团队成员也受到了启发和激励，纷纷努力完善自己的工作表现。

在职场中，采用个性化的赞赏方法对于提升团队凝聚力和创造力至关重要。通过具体而真诚的赞赏、考虑个体差异、及时赞赏、公开的赞赏以及个性化的奖励等方式，我们可以更好地表达对同事的认可和鼓励，激发他们的积极性和动力。这将有助于构建一个更加积极向上、富有活力的职场环境。

我们会发现和他人在社交沟通的过程中除了赞赏，还需要认同，认同的背后传递的是尊重以及关注。

三、认同的技巧

认同，也被称为"共鸣"或"同感"，是人际沟通中的一个重要技巧。它指的是在交流过程中，一方能够准确理解并表达出对另一方情感、观点或经历的共鸣和理解。认同不仅有助于建立信任，加深关系，还能促进有效沟通。

在我看来，认同对方最好的办法是先从倾听和肯定对方开始，下面我们共同来聊一聊如何做到肯定对方。

1.同理倾听：认真倾听对方的观点和感受，不打断或急于反驳。通过倾听，我们能够更好地理解对方的需求和期望。

2.理解反馈：用自己的话复述对方的观点或感受，以确认自己的理解是否正确。这不仅能够让对方感受到被尊重和理解，还能够纠正可能的误解。

3.表达肯定：用积极的语言表达对对方观点或感受的认同和支持。例如，使用"我理解你的感受"或"我赞同你的看法"等表达方式。

为了大家更好地应用，我通过几个不同场合来给大家进行一一的呈现。

职场社交的运用：

场景：在一个团队会议上，一个成员提出了一个新的项目想法。

非认同的回应："这个想法听起来很复杂，我们真的需要这么做吗？"

认同的回应："我听到你提到这个项目想法，感觉你对它很有热情。你能详细解释一下为什么你认为它对我们团队有好处？"

家庭生活的运用：

场景：妻子在厨房忙碌了一整天，丈夫进来帮忙。

非认同的回应："你做得不够好，让我来帮你。"

认同的回应："今天你真的很辛苦，在厨房忙了一整天。让我帮你一起完成吧，这样我们能更快。"

朋友间谈话的运用：

场景：朋友在分享他最近的失业经历。

非认同的回应："别难过了，每个人都会遇到这种事的。"

认同的回应："失业确实是一件让人难过的事情，我能理解你现在的心情。你想谈谈你是怎么应对的吗？"

通过这些案例，我们可以看到认同的力量。它不仅能够增进理解，建立信任，还能帮助对方感到被尊重和被理解。这对于有效的人际沟通至关重要。

快速打破社交壁垒并促进关系升温需要我们在多些主动、赞赏、认同并保持真诚与热情、尊重对方以及持续联系和支持等方面付出努力。通过运用这些方法和技巧，我们可以建立起深厚的人际关系，拓宽社交圈子，丰富我们的人生体验。